CONTES RÉALISTES ET CONTES FANTASTIQUES

GUY DE MAUPASSANT

ÉTUDE DE L'ŒUVRE PAR
JOSÉE BONNEVILLE

COLLECTION
PARCOURS D'UNE ŒUVRE

SOUS LA DIRECTION DE MICHEL LAURIN

Beauchemin
CHENELIÈRE ÉDUCATION

Contes réalistes et Contes fantastiques
Texte intégral

Édition présentée, annotée et commentée
par Josée Bonneville

Collection « Parcours d'une œuvre »

Sous la direction de Michel Laurin

© 1999, Groupe Beauchemin, Éditeur Ltée

Édition : Sophie Gagnon
Coordination : Johanne O'Grady
Correction d'épreuves : Christine Langevin
Conception graphique : Josée Bégin
Infographie : Transcontinental Transmédia
Impression : Imprimeries Transcontinental

Tableau de la couverture :
Le Désespéré (autoportrait), 1841.
Collection privée. Akg-images.
Œuvre de **Gustave Courbet**.

**Catalogage avant publication
de Bibliothèque et Archives nationales du Québec
et Bibliothèque et Archives Canada**

Maupassant, Guy de, 1850-1893

 Contes réalistes et contes fantastiques

 (Collection Parcours d'une œuvre)
 Éd. originale : 1999.

 Comprend des réf. bibliogr.

 Pour les étudiants du niveau collégial.

 ISBN 978-2-7616-5122-6

 1. Maupassant, Guy de, 1850-1893. Nouvelles. Morceaux choisis.
 2. Maupassant, Guy de, 1850-1893 – Critique et interprétation.
 I. Bonneville, Josée, 1947- . II. Titre. III. Collection.

PQ2349.Z5B65 2007 843'.8 C2007-940866-4

Beauchemin

CHENELIÈRE ÉDUCATION

7001, boul. Saint-Laurent
Montréal (Québec)
Canada H2S 3E3
Téléphone : 514 273-1066
Télécopieur : 514 276-0324
info@cheneliere.ca

ISBN 978-2-7616-5122-6

Dépôt légal : 2ᵉ trimestre 2007
Bibliothèque et Archives nationales du Québec
Bibliothèque et Archives Canada

Imprimé au Canada

2 3 4 5 ITG 12 11 10 09

Nous reconnaissons l'aide financière du gouvernement du Canada
par l'entremise du Programme d'aide au développement de l'indus-
trie de l'édition (PADIÉ) pour nos activités d'édition.

Gouvernement du Québec – Programme de crédit d'impôt pour
l'édition de livres – Gestion SODEC.

DANGER

LE
PHOTOCOPILLAGE
TUE LE LIVRE

REMERCIEMENTS

À mes fils, Mathieu et Sébastien.

Je salue amicalement Penny Benarrosh qui, la première, a eu l'idée de ce livre.

Je remercie vivement Claude Gonthier qui a généreusement lu et annoté le manuscrit et dont les pertinentes remarques m'ont été précieuses.

Je remercie également, pour m'avoir prêté des documents et des livres qui m'ont été grandement utiles, Marie-Thérèse Bataïni, Chantal Saint-Jarre, Lyne Savard, ainsi que Penny Benarrosh et Claude Gonthier.

Merci enfin à Michel Laurin et à Pierre Desautels sans qui ce livre n'aurait pu paraître.

TABLE DES MATIÈRES

GUY DE MAUPASSANT

INTRODUCTION

Si Maupassant vivait aujourd'hui

Maupassant reste terriblement actuel. Malheureusement!... Car les travers qu'il dénonce, s'ils sont de son temps, ressemblent désespérément aux nôtres : l'égoïsme, la lâcheté, l'hypocrisie et la bêtise existent toujours. Si Maupassant vivait aujourd'hui, il continuerait de les débusquer avec son sens de l'observation aiguisé et de les pourfendre avec son ironie cinglante. Car, mieux que quiconque, il connaît l'art d'arracher les masques.

Si Maupassant vivait aujourd'hui, lui qui détestait la guerre, il serait horrifié par le désastreux bilan du XXe siècle à ce chapitre et il ne pourrait que faire répéter son cri d'indignation à Mme Follenvie, l'aubergiste de *Boule de Suif* : « Vraiment, n'est-ce pas une abomination de tuer des gens, […] ? »

Si Maupassant vivait aujourd'hui, au Québec, il ricanerait à la vue des personnages de Claude Meunier, lui qui a souvent dénoncé la médiocrité et tourné en dérision la « petite vie » des fonctionnaires et des petits-bourgeois, lui qui, dans *La Parure*, montre la tragique impossibilité d'y échapper.

Si Maupassant vivait aujourd'hui, il ne pourrait que refaire cette désespérante constatation du narrateur du *Horla* : « Nous sommes si infirmes, si désarmés, si ignorants, si petits, nous autres, sur ce grain de boue qui tourne délayé dans une goutte d'eau. » Car, même si l'être humain a posé le pied sur la Lune, il ressent toujours cruellement son ignorance et sa petitesse devant l'immensité de l'univers.

Si Maupassant vivait aujourd'hui, enfin, il ne pourrait que reprendre les questions que posent ses contes, puisque le XXe siècle, malgré ses efforts, n'a pas réussi à y répondre : comment remédier aux injustices sociales ? Les extraterrestres existent-ils ? Où se situe la frontière entre la folie et la « normalité » ? Si Dieu n'existe pas, quel est le sens de la vie ?...

Décidément, Maupassant reste terriblement actuel.

ILLUSTRATION DE PIERRE GEORGES JEANNIOT.

BOULE DE SUIF

Pendant plusieurs jours de suite des lambeaux d'armée en déroute avaient traversé la ville. Ce n'était point de la troupe, mais des hordes débandées[1]. Les hommes avaient la barbe longue et sale, des uniformes en guenilles, et ils avançaient d'une allure molle, sans drapeau, sans

5 régiment. Tous semblaient accablés, éreintés, incapables d'une pensée ou d'une résolution, marchant seulement par habitude, et tombant de fatigue sitôt qu'ils s'arrêtaient. On voyait surtout des mobilisés[2], gens pacifiques, rentiers tranquilles, pliant sous le poids du fusil; des petits moblots[3] alertes, faciles à l'épouvante et prompts à l'enthousiasme,

10 prêts à l'attaque comme à la fuite; puis, au milieu d'eux, quelques culottes rouges[4], débris d'une division moulue dans une grande bataille; des artilleurs sombres[5] alignés avec ces fantassins divers; et, parfois, le casque brillant d'un dragon[6] au pied pesant qui suivait avec peine la marche plus légère des lignards[7].

15 Des légions de francs-tireurs[8] aux appellations héroïques: « les Vengeurs de la Défaite — les Citoyens de la Tombe — les Partageurs de la Mort » passaient à leur tour, avec des airs de bandits.

Leurs chefs, anciens commerçants en draps[9] ou en graines, ex-marchands de suif ou de savon, guerriers de circonstance, nommés

N.B. : Les six extraits de l'œuvre qui font l'objet d'une analyse approfondie sont indiqués par une trame superposée au texte. Les mots suivis d'un astérisque sont définis dans le glossaire, à la page 218.

1. Hordes débandées : troupes désorganisées, dispersées.
2. Mobilisés : hommes de l'armée de réserve appelés pour la guerre.
3. Moblots : terme d'argot qui désigne les soldats de la Garde nationale mobile, formation qui ne faisait pas partie de l'armée régulière.
4. Culottes rouges : soldats de l'infanterie. Ils portaient des pantalons rouges.
5. Artilleurs sombres : soldats responsables du matériel de guerre. Leur uniforme était gris.
6. Dragon : soldat de la cavalerie qui portait un casque à crinière.
7. Lignards : terme familier qui désigne les soldats de l'infanterie qui combattent en ligne.
8. Francs-tireurs : « francs » a le sens de « libres ». Les « tireurs libres » ne font pas partie de l'armée régulière. D'origine bourgeoise et révolutionnaire, ils se donnent des noms provocants. Leurs manœuvres sont souvent imprévisibles.
9. Draps : tissus de laine feutrée.

20 officiers pour leurs écus ou la longueur de leurs moustaches, couverts
d'armes, de flanelle [1] et de galons, parlaient d'une voix retentissante,
discutaient plans de campagne, et prétendaient soutenir seuls la
France agonisante sur leurs épaules de fanfarons ; mais ils redoutaient
parfois leurs propres soldats, gens de sac et de corde [2], souvent braves
25 à outrance, pillards et débauchés.

Les Prussiens allaient entrer dans Rouen, disait-on.

La Garde nationale [3] qui, depuis deux mois, faisait des reconnais-
sances très prudentes dans les bois voisins, fusillant parfois ses pro-
pres sentinelles, et se préparant au combat quand un petit lapin
30 remuait sous des broussailles, était rentrée dans ses foyers. Ses armes,
ses uniformes, tout son attirail meurtrier, dont elle épouvantait
naguère les bornes des routes nationales à trois lieues [4] à la ronde,
avaient subitement disparu.

Les derniers soldats français venaient enfin de traverser la Seine
35 pour gagner Pont-Audemer par Saint-Sever et Bourg-Achard [5] ; et,
marchant après tous, le général, désespéré, ne pouvant rien tenter avec
ces loques disparates, éperdu lui-même dans la grande débâcle d'un
peuple habitué à vaincre et désastreusement battu malgré sa bravoure
légendaire, s'en allait à pied, entre deux officiers d'ordonnance [6].

40 Puis un calme profond, une attente épouvantée et silencieuse
avaient plané sur la cité. Beaucoup de bourgeois bedonnants, émas-
culés [7] par le commerce, attendaient anxieusement les vainqueurs, trem-
blant qu'on ne considérât comme une arme leurs broches à rôtir ou
leurs grands couteaux de cuisine.

45 La vie semblait arrêtée ; les boutiques étaient closes, la rue muette.
Quelquefois un habitant, intimidé par ce silence, filait rapidement le
long des murs.

L'angoisse de l'attente faisait désirer la venue de l'ennemi.

1. Flanelle : tissu de laine légère.
2. Gens de sac et de corde : bandits, scélérats. Par allusion au sac dans lequel on enfermait certains malfaiteurs et à la corde avec laquelle on les pendait.
3. Garde nationale : milice composée de civils âgés de 25 à 50 ans chargés de défendre leur ville. Elle ne fut pas très efficace.
4. Une lieue équivaut à environ quatre kilomètres.
5. Petites villes de Normandie, au sud-ouest de Rouen.
6. Officiers d'ordonnance : cavaliers servant de messagers à un officier supérieur.
7. Émasculés : au sens figuré, dépouillés de leur caractère viril, de leur combativité.

Dans l'après-midi du jour qui suivit le départ des troupes fran-
50 çaises[1], quelques uhlans[2], sortis on ne sait d'où, traversèrent la ville
avec célérité. Puis, un peu plus tard, une masse noire descendit de la
côte Sainte-Catherine, tandis que deux autres flots envahisseurs appa-
raissaient par les routes de Darnetal et de Boisguillaume[3]. Les avant-
gardes des trois corps, juste au même moment, se joignirent sur la
55 place de l'Hôtel-de-Ville; et, par toutes les rues voisines, l'armée
allemande arrivait, déroulant ses bataillons qui faisaient sonner les
pavés sous leur pas dur et rythmé[4].

Des commandements criés d'une voix inconnue et gutturale mon-
taient le long des maisons qui semblaient mortes et désertes, tandis
60 que, derrière les volets fermés, des yeux guettaient ces hommes victo-
rieux, maîtres de la cité, des fortunes et des vies, de par le « droit de
guerre ». Les habitants, dans leurs chambres assombries, avaient l'af-
folement que donnent les cataclysmes, les grands bouleversements
meurtriers de la terre, contre lesquels toute sagesse et toute force sont
65 inutiles. Car la même sensation reparaît chaque fois que l'ordre établi
des choses est renversé, que la sécurité n'existe plus, que tout ce que
protégeaient les lois des hommes ou celles de la nature, se trouve à la
merci d'une brutalité inconsciente et féroce. Le tremblement de terre
écrasant sous des maisons croulantes un peuple entier; le fleuve
70 débordé qui roule les paysans noyés avec les cadavres des bœufs et les
poutres arrachées aux toits, ou l'armée glorieuse massacrant ceux
qui se défendent, emmenant les autres prisonniers, pillant au nom du
Sabre et remerciant un Dieu au son du canon, sont autant de fléaux
effrayants qui déconcertent toute croyance à la justice éternelle, toute
75 la confiance qu'on nous enseigne en la protection du ciel et en la rai-
son de l'homme.

Mais à chaque porte des petits détachements frappaient, puis dis-
paraissaient dans les maisons. C'était l'occupation après l'invasion.

1. Après s'être préparés à soutenir un siège, les Français ont abandonné Rouen sans combat.
2. Uhlans : soldats prussiens (mot allemand d'origine polonaise).
3. Les troupes prussiennes sont effectivement entrées dans Rouen par les trois faubourgs
 de Sainte-Catherine, Darnetal et Boisguillaume.
4. Les Prussiens sont entrés dans Rouen le 5 décembre 1870 et ont occupé la ville jusqu'au
 22 juillet 1871.

Le devoir commençait pour les vaincus de se montrer gracieux envers
80 les vainqueurs.

Au bout de quelque temps, une fois la première terreur disparue,
un calme nouveau s'établit. Dans beaucoup de familles, l'officier
prussien mangeait à table. Il était parfois bien élevé, et, par politesse,
plaignait la France, disait sa répugnance en prenant part à cette
85 guerre. On lui était reconnaissant de ce sentiment ; puis on pouvait,
un jour ou l'autre, avoir besoin de sa protection. En le ménageant on
obtiendrait peut-être quelques hommes de moins à nourrir. Et pour-
quoi blesser quelqu'un dont on dépendait tout à fait ? Agir ainsi serait
moins de la bravoure que de la témérité. — Et la témérité n'est plus
90 un défaut des bourgeois de Rouen, comme au temps des défenses
héroïques où s'illustra leur cité. — On se disait enfin, raison suprême
tirée de l'urbanité française, qu'il demeurait bien permis d'être poli
dans son intérieur pourvu qu'on ne se montrât pas familier, en
public, avec le soldat étranger. Au-dehors on ne se connaissait plus,
95 mais dans la maison on causait volontiers, et l'Allemand demeurait
plus longtemps, chaque soir, à se chauffer au foyer commun.

La ville même reprenait peu à peu de son aspect ordinaire. Les
Français ne sortaient guère encore, mais les soldats prussiens grouil-
laient dans les rues. Du reste, les officiers de hussards bleus[1], qui traî-
100 naient avec arrogance leurs grands outils de mort sur le pavé, ne
semblaient pas avoir pour les simples citoyens énormément plus de
mépris que les officiers de chasseurs[2], qui, l'année d'avant, buvaient
aux mêmes cafés.

Il y avait cependant quelque chose dans l'air, quelque chose de sub-
105 til et d'inconnu, une atmosphère étrangère intolérable, comme une
odeur répandue, l'odeur de l'invasion. Elle emplissait les demeures et
les places publiques, changeait le goût des aliments, donnait l'impres-
sion d'être en voyage, très loin, chez des tribus barbares et dangereuses.

Les vainqueurs exigeaient de l'argent, beaucoup d'argent. Les habi-
110 tants payaient toujours ; ils étaient riches d'ailleurs. Mais plus un
négociant normand devient opulent et plus il souffre de tout sacrifice,
de toute parcelle de sa fortune qu'il voit passer aux mains d'un autre.

1. Hussards bleus : soldats de la cavalerie prussienne.
2. Officiers de chasseurs : officiers appartenant à la cavalerie ou à l'infanterie française.

Cependant, à deux ou trois lieues*sous la ville, en suivant le cours de la rivière, vers Croisset, Dieppedalle ou Biessart [1], les mariniers et
115 les pêcheurs ramenaient souvent du fond de l'eau quelque cadavre d'Allemand gonflé dans son uniforme, tué d'un coup de couteau ou de savate, la tête écrasée par une pierre, ou jeté à l'eau d'une poussée du haut d'un pont. Les vases du fleuve ensevelissaient ces vengeances obscures, sauvages et légitimes, héroïsmes inconnus, attaques muettes,
120 plus périlleuses que les batailles au grand jour et sans le retentissement de la gloire [2].

Car la haine de l'étranger arme toujours quelques intrépides prêts à mourir pour une Idée.

Enfin, comme les envahisseurs, bien qu'assujettissant la ville à leur
125 inflexible discipline, n'avaient accompli aucune des horreurs que la renommée leur faisait commettre tout le long de leur marche triomphale, on s'enhardit, et le besoin du négoce travailla de nouveau le cœur des commerçants du pays. Quelques-uns avaient de gros intérêts engagés au Havre [3] que l'armée française occupait, et ils voulu-
130 rent tenter de gagner ce port en allant par terre à Dieppe [4] où ils s'embarqueraient.

On employa l'influence des officiers allemands dont on avait fait la connaissance, et une autorisation de départ fut obtenue du général en chef.

135 Donc, une grande diligence [5] à quatre chevaux ayant été retenue pour ce voyage, et dix personnes s'étant fait inscrire chez le voiturier, on résolut de partir un mardi matin, avant le jour, pour éviter tout rassemblement.

Depuis quelque temps déjà la gelée avait durci la terre, et le lundi, vers
140 trois heures, de gros nuages noirs venant du nord apportèrent la neige qui tomba sans interruption pendant toute la soirée et toute la nuit.

1. Croisset, Dieppedalle et Biessart sont trois villages normands, à quelques kilomètres en aval de Rouen. Maupassant est souvent allé à Croisset, chez Gustave Flaubert.
2. Lire, sur ce sujet, le conte de Maupassant, *Le Père Milon*.
3. Le Havre est une ville portuaire de Normandie. L'armée française conserva la poche du Havre jusqu'à l'armistice.
4. Dieppe : ville portuaire de Normandie située sur la Manche.
5. Diligence : voiture à chevaux qui servait au transport des voyageurs.

Quelques-uns avaient de gros intérêts engagés
au Havre que l'armée française occupait,
et ils voulurent tenter de gagner ce port en allant
par terre à Dieppe où ils s'embarqueraient.

Lignes 128 à 131.

À quatre heures et demie du matin, les voyageurs se réunirent dans la cour de l'hôtel de Normandie, où l'on devait monter en voiture.

Ils étaient encore pleins de sommeil, et grelottaient de froid sous leurs couvertures. On se voyait mal dans l'obscurité ; et l'entassement des lourds vêtements d'hiver faisait ressembler tous ces corps à des curés obèses avec leurs longues soutanes. Mais deux hommes se reconnurent, un troisième les aborda, ils causèrent : « J'emmène ma femme, dit l'un. — J'en fais autant. — Et moi aussi. » Le premier ajouta : « Nous ne reviendrons pas à Rouen, et si les Prussiens approchent du Havre* nous gagnerons l'Angleterre. » Tous avaient les mêmes projets, étant de complexion[1] semblable.

Cependant on n'attelait pas la voiture. Une petite lanterne, que portait un valet d'écurie, sortait de temps à autre d'une porte obscure pour disparaître immédiatement dans une autre. Des pieds de chevaux frappaient la terre, amortis par le fumier des litières, et une voix d'homme parlant aux bêtes et jurant s'entendait au fond du bâtiment. Un léger murmure de grelots annonça qu'on maniait les harnais ; ce murmure devint bientôt un frémissement clair et continu, rythmé par le mouvement de l'animal, s'arrêtant parfois, puis reprenant dans une brusque secousse qu'accompagnait le bruit mat d'un sabot ferré battant le sol.

La porte subitement se ferma. Tout bruit cessa. Les bourgeois, gelés, s'étaient tus : ils demeuraient immobiles et roidis.

Un rideau de flocons blancs ininterrompu miroitait sans cesse en descendant vers la terre ; il effaçait les formes, poudrait les choses d'une mousse de glace, et l'on n'entendait plus, dans le grand silence de la ville calme et ensevelie sous l'hiver, que ce froissement vague, innommable et flottant de la neige qui tombe, plutôt sensation que bruit, entremêlement d'atomes légers qui semblaient emplir l'espace, couvrir le monde.

L'homme reparut, avec sa lanterne, tirant au bout d'une corde un cheval triste qui ne venait pas volontiers. Il le plaça contre le timon[2],

1. Complexion : nature, tempérament.
2. Timon : longue pièce de bois placée à l'avant de la voiture, dans le sens de la longueur, de chaque côté de laquelle on attelle les chevaux.

Dans la voiture, on se regardait curieusement,
à la triste clarté de cette aurore.

Lignes 204 et 205.

attacha les traits[1], tourna longtemps autour pour assurer les harnais,
175 car il ne pouvait se servir que d'une main, l'autre portant sa lumière.
Comme il allait chercher la seconde bête, il remarqua tous ces voyageurs
immobiles, déjà blancs de neige, et leur dit : « Pourquoi ne montez-
vous pas dans la voiture ? vous serez à l'abri, au moins. »

Ils n'y avaient pas songé, sans doute, et ils se précipitèrent. Les trois
180 hommes installèrent leurs femmes dans le fond, montèrent ensuite ;
puis les autres formes indécises et voilées prirent à leur tour les der-
nières places sans échanger une parole.

Le plancher était couvert de paille où les pieds s'enfoncèrent. Les
dames du fond, ayant apporté des petites chaufferettes[2] en cuivre avec
185 un charbon chimique, allumèrent ces appareils, et, pendant quelque
temps, à voix basse, elles en énumérèrent les avantages, se répétant des
choses qu'elles savaient déjà depuis longtemps.

Enfin, la diligence* étant attelée, avec six chevaux au lieu de quatre à
cause du tirage plus pénible, une voix du dehors demanda : « Tout le
190 monde est-il monté ? » Une voix du dedans répondit : « Oui. » On partit.

La voiture avançait lentement, lentement, à tout petits pas. Les
roues s'enfonçaient dans la neige ; le coffre entier geignait avec des
craquements sourds ; les bêtes glissaient, soufflaient, fumaient et le
fouet gigantesque du cocher claquait sans repos, voltigeait de tous les
195 côtés, se nouant et se déroulant comme un serpent mince, et cinglant
brusquement quelque croupe rebondie qui se tendait alors sous un
effort plus violent.

Mais le jour imperceptiblement grandissait. Ces flocons légers qu'un
voyageur, Rouennais pur sang, avait comparés à une pluie de coton, ne
200 tombaient plus. Une lueur sale filtrait à travers de gros nuages obscurs
et lourds qui rendaient plus éclatante la blancheur de la campagne où
apparaissaient tantôt une ligne de grands arbres vêtus de givre, tantôt
une chaumière avec un capuchon de neige.

Dans la voiture, on se regardait curieusement, à la triste clarté de
205 cette aurore.

1. Traits : lanières servant à tirer la voiture.
2. Chaufferettes : boîtes dont le couvercle est percé de trous et dans lesquelles on met de la braise,
de la cendre chaude ou, ici, du charbon chimique, pour se chauffer les pieds.

Tout au fond, aux meilleures places, sommeillaient, en face l'un de l'autre, M. et M^me Loiseau, des marchands de vins en gros de la rue Grand-Pont[1].

210 Ancien commis d'un patron ruiné dans les affaires, Loiseau avait acheté le fonds[2] et fait fortune. Il vendait à très bon marché de très mauvais vins aux petits débitants des campagnes et passait parmi ses connaissances et ses amis pour un fripon madré[3], un vrai Normand plein de ruses et de jovialité.

Sa réputation de filou était si bien établie, qu'un soir à la préfec-215 ture, M. Tournel, auteur de fables et de chansons, esprit mordant et fin, une gloire locale, ayant proposé aux dames qu'il voyait un peu somnolentes de faire une partie de « Loiseau vole[4] », le mot lui-même vola à travers les salons du préfet[5], puis, gagnant ceux de la ville, avait fait rire pendant un mois toutes les mâchoires de la province.

220 Loiseau était en outre célèbre par ses farces de toute nature, ses plaisanteries bonnes ou mauvaises, et personne ne pouvait parler de lui sans ajouter immédiatement : « Il est impayable, ce Loiseau. »

De taille exiguë, il présentait un ventre en ballon surmonté d'une face rougeaude entre deux favoris grisonnants.

225 Sa femme, grande, forte, résolue, avec la voix haute et la décision rapide, était l'ordre et l'arithmétique de la maison de commerce, qu'il animait par son activité joyeuse.

À côté d'eux se tenait, plus digne, appartenant à une caste supérieure, M. Carré-Lamadon, homme considérable, posé dans les cotons, 230 propriétaire de trois filatures, officier de la Légion d'honneur[6] et membre du Conseil général[7]. Il était resté, tout le temps de l'Empire[8], chef de l'opposition bienveillante, uniquement pour se faire payer plus cher son ralliement à la cause qu'il combattait avec des

1. Rue Grand-Pont : rue bordée des plus riches boutiques de Rouen. Elle fut détruite en 1944.
2. Fonds : ensemble des droits et des biens mobiliers qui appartiennent à un commerce.
3. Madré : finaud, rusé.
4. Loiseau vole : par allusion à un jeu d'enfants, le « Pigeon vole ».
5. Préfet : fonctionnaire à la tête d'un département.
6. Légion d'honneur : ordre national hiérarchisé créé par Bonaparte en 1802 pour récompenser les services civils et militaires. La Légion d'honneur comprend cinq classes dont les officiers.
7. Conseil général : assemblée délibérante composée de membres élus dans chaque département de la France.
8. Empire : Second Empire (voir la section « Maupassant et son époque », p. 114).

armes courtoises, selon sa propre expression. M^me^ Carré-Lamadon,
235 beaucoup plus jeune que son mari, demeurait la consolation des
officiers de bonne famille envoyés à Rouen en garnison[1].

Elle faisait vis-à-vis à son époux, toute petite, toute mignonne,
toute jolie, pelotonnée dans ses fourrures, et regardait d'un air navré
l'intérieur lamentable de la voiture.

240 Ses voisins, le comte et la comtesse Hubert de Bréville, portaient
un des noms les plus anciens et les plus nobles de la Normandie. Le
comte, vieux gentilhomme de grande tournure, s'efforçait d'accen-
tuer, par les artifices de sa toilette, sa ressemblance naturelle avec le roi
Henri IV, qui, suivant une légende glorieuse pour la famille, avait
245 rendu grosse[2] une dame de Bréville, dont le mari, pour ce fait, était
devenu comte et gouverneur de province.

Collègue de M. Carré-Lamadon au Conseil général, le comte
Hubert représentait le parti orléaniste dans le département. L'histoire
de son mariage avec la fille d'un petit armateur de Nantes[3] était tou-
250 jours demeurée mystérieuse. Mais comme la comtesse avait grand air,
recevait mieux que personne, passait même pour avoir été aimée par
un des fils de Louis-Philippe[4], toute la noblesse lui faisait fête, et son
salon demeurait le premier du pays, le seul où se conservât la vieille
galanterie, et dont l'entrée fût difficile.

255 La fortune des Bréville, toute en biens-fonds[5], atteignait, disait-on,
cinq cent mille livres[6] de revenu.

Ces six personnes formaient le fond de la voiture, le côté de la
société rentée[7], sereine et forte, des honnêtes gens autorisés[8] qui ont
de la religion et des principes.

260 Par un hasard étrange, toutes les femmes se trouvaient sur le même
banc ; et la comtesse avait encore pour voisines deux bonnes sœurs qui

1. En garnison : pour défendre la ville.
2. Grosse : enceinte.
3. Nantes : port de mer sur l'Atlantique au fond de l'estuaire de la Loire.
4. Louis-Philippe d'Orléans, roi de France de 1830 à 1848, c'est-à-dire pendant la monarchie de Juillet.
5. Biens-fonds : terres et biens immobiliers.
6. Livres : ancienne monnaie représentant à l'origine un poids d'une livre d'argent.
7. Rentée : qui vit de ses rentes, de son capital.
8. Autorisés : qui jouissent d'une grande autorité.

égrenaient de longs chapelets en marmottant des *Pater* et des *Ave*[1].
L'une était vieille avec une face défoncée par la petite vérole[2] comme
si elle eût reçu à bout portant une bordée de mitraille en pleine figure.
265 L'autre, très chétive, avait une tête jolie et maladive sur une poitrine
de phtisique[3] rongée par cette foi dévorante qui fait les martyrs et
les illuminés[4].

En face des deux religieuses, un homme et une femme attiraient les
regards de tous.

270 L'homme, bien connu, était Cornudet, le démoc[5], la terreur des gens
respectables. Depuis vingt ans, il trempait sa barbe rousse dans les
bocks de tous les cafés démocratiques. Il avait mangé avec les frères et
amis une assez belle fortune qu'il tenait de son père, ancien confiseur,
et il attendait impatiemment la République pour obtenir enfin la
275 place méritée par tant de consommations révolutionnaires. Au quatre
septembre, par suite d'une farce peut-être, il s'était cru nommé préfet*;
mais quand il voulut entrer en fonctions, les garçons de bureau,
demeurés seuls maîtres de la place, refusèrent de le reconnaître, ce qui
le contraignit à la retraite. Fort bon garçon du reste, inoffensif et ser-
280 viable, il s'était occupé avec une ardeur incomparable d'organiser la
défense. Il avait fait creuser des trous dans les plaines, coucher tous les
jeunes arbres des forêts voisines, semé des pièges sur toutes les routes,
et, à l'approche de l'ennemi, satisfait de ses préparatifs, il s'était vive-
ment replié vers la ville. Il pensait maintenant se rendre plus utile au
285 Havre*, où de nouveaux retranchements allaient être nécessaires.

La femme, une de celles appelées galantes[6], était célèbre par son
embonpoint précoce qui lui avait valu le surnom de Boule de Suif.
Petite, ronde de partout, grasse à lard, avec des doigts bouffis, étran-
glés aux phalanges, pareils à des chapelets de courtes saucisses, avec
290 une peau luisante et tendue, une gorge énorme qui saillait sous sa

1. *Pater* et *Ave* sont les premiers mots latins de deux prières catholiques: «*Pater noster*»
(«Notre Père…») et «*Ave Maria*» («Je vous salue, Marie…»).

2. Petite vérole: variole, maladie infectieuse d'origine virale qui laisse des cicatrices sur la peau.

3. Phtisique: tuberculeuse.

4. Illuminés: mystiques croyant à l'illumination de l'âme par Dieu.

5. Démoc: abréviation familière de «démocrate», partisan du pouvoir du peuple et, par consé-
quent, mal vu des bourgeois.

6. Galantes: voir la section «Maupassant et son époque», p. 119.

robe, elle restait cependant appétissante et courue [1], tant sa fraîcheur faisait plaisir à voir. Sa figure était une pomme rouge, un bouton de pivoine prêt à fleurir ; et là-dedans s'ouvraient, en haut, deux yeux noirs magnifiques, ombragés de grands cils épais qui mettaient une
295 ombre dedans ; en bas, une bouche charmante, étroite, humide pour le baiser, meublée de quenottes [2] luisantes et microscopiques.

Elle était de plus, disait-on, pleine de qualités inappréciables.

Aussitôt qu'elle fut reconnue, des chuchotements coururent parmi les femmes honnêtes, et les mots de « prostituée », de « honte publique »
300 furent chuchotés si haut qu'elle leva la tête. Alors elle promena sur ses voisins un regard tellement provocant et hardi qu'un grand silence aussitôt régna, et tout le monde baissa les yeux à l'exception de Loiseau, qui la guettait d'un air émoustillé.

Mais bientôt la conversation reprit entre les trois dames, que la
305 présence de cette fille avait rendues subitement amies, presque intimes. Elles devaient faire, leur semblait-il, comme un faisceau de leurs dignités d'épouses en face de cette vendue sans vergogne [3] ; car l'amour légal le prend toujours de haut avec son libre confrère.

Les trois hommes aussi, rapprochés par un instinct de conserva-
310 teurs [4] à l'aspect de Cornudet, parlaient argent d'un certain ton dédaigneux pour les pauvres. Le comte Hubert disait les dégâts que lui avaient fait subir les Prussiens, les pertes qui résulteraient du bétail volé et des récoltes perdues, avec une assurance de grand seigneur dix fois millionnaire que ces ravages gêneraient à peine une année.
315 M. Carré-Lamadon, fort éprouvé dans l'industrie cotonnière, avait eu soin d'envoyer six cent mille francs en Angleterre, une poire pour la soif [5] qu'il se ménageait à toute occasion. Quant à Loiseau, il s'était arrangé pour vendre à l'Intendance [6] française tous les vins communs qui lui restaient en cave, de sorte que l'État lui devait une somme for-
320 midable qu'il comptait bien toucher au Havre.

1. Courue : recherchée.
2. Quenottes (familier) : petites dents d'enfant.
3. Vendue sans vergogne : femme qui vend son corps sans en ressentir de honte.
4. Conservateurs : gens qui veulent conserver l'ordre établi.
5. Poire pour la soif : économies pour les besoins à venir.
6. Intendance : service de l'armée chargé de l'administration, du ravitaillement et de l'entretien des troupes.

Et tous les trois se jetaient des coups d'œil rapides et amicaux. Bien que de conditions différentes, ils se sentaient frères par l'argent, de la grande franc-maçonnerie[1] de ceux qui possèdent, qui font sonner de l'or en mettant la main dans la poche de leur culotte.

325 La voiture allait si lentement qu'à dix heures du matin on n'avait pas fait quatre lieues[2]. Les hommes descendirent trois fois pour monter des côtes à pied. On commençait à s'inquiéter, car on devait déjeuner à Tôtes[3] et l'on désespérait maintenant d'y parvenir avant la nuit. Chacun guettait pour apercevoir un cabaret sur la route, quand la 330 diligence* sombra dans un amoncellement de neige, et il fallut deux heures pour la dégager.

L'appétit grandissait, troublait les esprits ; et aucune gargote[4], aucun marchand de vin ne se montraient, l'approche des Prussiens et le passage des troupes françaises affamées ayant effrayé toutes 335 les industries.

Les messieurs coururent aux provisions dans les fermes au bord du chemin, mais ils n'y trouvèrent pas même de pain, car le paysan, défiant, cachait ses réserves dans la crainte d'être pillé par les soldats qui, n'ayant rien à se mettre sous la dent, prenaient par force ce 340 qu'ils découvraient.

Vers une heure de l'après-midi, Loiseau annonça que décidément il se sentait un rude creux dans l'estomac. Tout le monde souffrait comme lui depuis longtemps ; et le violent besoin de manger, augmentant toujours, avait tué les conversations.

345 De temps en temps, quelqu'un bâillait ; un autre presque aussitôt l'imitait ; et chacun, à tour de rôle, suivant son caractère, son savoir-vivre et sa position sociale, ouvrait la bouche avec fracas ou modestement en portant vite sa main devant le trou béant d'où sortait une vapeur.

350 Boule de Suif, à plusieurs reprises, se pencha comme si elle cherchait quelque chose sous ses jupons. Elle hésitait une seconde, regardait ses

1. Franc-maçonnerie : association initiatique internationale ; ici, au sens figuré, alliance de gens riches qui ont les mêmes intérêts.
2. Quatre lieues : environ 16 km.
3. Tôtes : à 29 km au nord de Rouen, sur la route de Dieppe.
4. Gargote (péjoratif) : restaurant bon marché où la cuisine et le service sont de piètre qualité.

voisins, puis se redressait tranquillement. Les figures étaient pâles et crispées. Loiseau affirma qu'il payerait mille francs un jambonneau. Sa femme fit un geste comme pour protester ; puis elle se calma. Elle souf-
355 frait toujours en entendant parler d'argent gaspillé, et ne comprenait même pas les plaisanteries sur ce sujet. « Le fait est que je ne me sens pas bien, dit le comte ; comment n'ai-je pas songé à apporter des provisions ? » Chacun se faisait le même reproche.

Cependant, Cornudet avait une gourde pleine de rhum ; il en offrit :
360 on refusa froidement. Loiseau seul en accepta deux gouttes, et, lorsqu'il rendit la gourde, il remercia : « C'est bon tout de même, ça réchauffe, et ça trompe l'appétit. » L'alcool le mit en belle humeur et il proposa de faire comme sur le petit navire de la chanson [1] : de manger le plus gras des voyageurs. Cette allusion indirecte à Boule de Suif choqua les
365 gens bien élevés. On ne répondit pas ; Cornudet seul eut un sourire. Les deux bonnes sœurs avaient cessé de marmotter leur rosaire [2], et, les mains enfoncées dans leurs grandes manches, elles se tenaient immobiles, baissant obstinément les yeux, offrant sans doute au ciel la souffrance qu'il leur envoyait.

370 Enfin, à trois heures, comme on se trouvait au milieu d'une plaine interminable, sans un seul village en vue, Boule de Suif, se baissant vivement, retira de sous la banquette un large panier couvert d'une serviette blanche.

Elle en sortit d'abord une petite assiette de faïence, une fine tim-
375 bale en argent, puis une vaste terrine dans laquelle deux poulets entiers, tout découpés, avaient confit sous leur gelée ; et l'on apercevait encore dans le panier d'autres bonnes choses enveloppées, des pâtés, des fruits, des friandises, les provisions préparées pour un voyage de trois jours, afin de ne point toucher à la cuisine des auberges. Quatre
380 goulots de bouteilles passaient entre les paquets de nourriture. Elle prit une aile de poulet et, délicatement, se mit à la manger avec un de ces petits pains qu'on appelle « Régence » en Normandie.

1. Petit navire de la chanson : allusion à la chanson *Il était un petit navire* dans laquelle les marins affamés décident de manger celui qui tire la paille la plus courte.
2. Rosaire : grand chapelet et, par extension, les 15 *Pater* et les 15 dizaines d'*Ave* qu'on récite en l'égrenant.

Tous les regards étaient tendus vers elle. Puis l'odeur se répandit, élargissant les narines, faisant venir aux bouches une salive abondante
385 avec une contraction douloureuse de la mâchoire sous les oreilles. Le mépris des dames pour cette fille devenait féroce, comme une envie de la tuer ou de la jeter en bas de la voiture, dans la neige, elle, sa timbale, son panier et ses provisions.

Mais Loiseau dévorait des yeux la terrine de poulet. Il dit : « À la
390 bonne heure, Madame a eu plus de précaution que nous. Il y a des personnes qui savent toujours penser à tout. » Elle leva la tête vers lui : « Si vous en désirez, Monsieur ? C'est dur de jeûner depuis le matin. » Il salua : « Ma foi, franchement, je ne refuse pas, je n'en peux plus. À la guerre comme à la guerre, n'est-ce pas, Madame ? » Et, jetant un
395 regard circulaire, il ajouta : « Dans des moments comme celui-là, on est bien aise de trouver des gens qui vous obligent[1]. » Il avait un journal, qu'il étendit pour ne point tacher son pantalon, et sur la pointe d'un couteau toujours logé dans sa poche, il enleva une cuisse toute vernie de gelée, la dépeça des dents, puis la mâcha avec une satisfac-
400 tion si évidente qu'il y eut dans la voiture un grand soupir de détresse.

Mais Boule de Suif, d'une voix humble et douce, proposa aux bonnes sœurs de partager sa collation. Elles acceptèrent toutes les deux instan-tanément, et, sans lever les yeux, se mirent à manger très vite après avoir balbutié des remerciements. Cornudet ne refusa pas non plus les
405 offres de sa voisine, et l'on forma avec les religieuses une sorte de table en développant des journaux sur les genoux.

Les bouches s'ouvraient et se fermaient sans cesse, avalaient, mas-tiquaient, engloutissaient férocement. Loiseau, dans son coin, tra-vaillait dur, et, à voix basse, il engageait sa femme à l'imiter. Elle résista
410 longtemps, puis, après une crispation qui lui parcourut les entrailles, elle céda. Alors son mari, arrondissant sa phrase, demanda à leur « charmante compagne » si elle lui permettait d'offrir un petit mor-ceau à M^me Loiseau. Elle dit : « Mais oui, certainement, Monsieur », avec un sourire aimable, et tendit la terrine.
415 Un embarras se produisit lorsqu'on eut débouché la première bou-teille de bordeaux : il n'y avait qu'une timbale. On se la passa après

1. Vous obligent : vous rendent service.

l'avoir essuyée. Cornudet seul, par galanterie sans doute, posa ses
lèvres à la place humide encore des lèvres de sa voisine.

420 Alors, entourés de gens qui mangeaient, suffoqués par les éma-
nations des nourritures, le comte et la comtesse de Bréville, ainsi
que M. et M^{me} Carré-Lamadon souffrirent ce supplice odieux qui a
gardé le nom de Tantale[1]. Tout d'un coup la jeune femme du manu-
facturier poussa un soupir qui fit retourner les têtes ; elle était aussi
blanche que la neige du dehors ; ses yeux se fermèrent, son front
425 tomba : elle avait perdu connaissance. Son mari, affolé, implorait le
secours de tout le monde. Chacun perdait l'esprit, quand la plus âgée
des bonnes sœurs, soutenant la tête de la malade, glissa entre ses
lèvres la timbale de Boule de Suif et lui fit avaler quelques gouttes de
vin. La jolie dame remua, ouvrit les yeux, sourit et déclara d'une voix
430 mourante qu'elle se sentait fort bien maintenant. Mais, afin que cela ne
se renouvelât plus, la religieuse la contraignit à boire un plein verre de
bordeaux, et elle ajouta : « C'est la faim, pas autre chose. »

Alors Boule de Suif, rougissante et embarrassée, balbutia en regar-
dant les quatre voyageurs restés à jeun : « Mon Dieu, si j'osais offrir à
435 ces messieurs et à ces dames… » Elle se tut, craignant un outrage.
Loiseau prit la parole : « Eh, parbleu, dans des cas pareils tout le monde
est frère et doit s'aider. Allons, Mesdames, pas de cérémonie : acceptez,
que diable ! Savons-nous si nous trouverons seulement une maison où
passer la nuit ? Du train dont nous allons, nous ne serons pas à Tôtes*
440 avant demain midi. » On hésitait, personne n'osant assumer la respon-
sabilité du « oui ». Mais le comte trancha la question. Il se tourna vers la
grosse fille intimidée, et, prenant son grand air de gentilhomme, il lui
dit : « Nous acceptons avec reconnaissance, Madame. »

Le premier pas seul coûtait. Une fois le Rubicon passé[2], on s'en
445 donna carrément. Le panier fut vidé. Il contenait encore un pâté de

1. Supplice de Tantale : Tantale est un roi de la mythologie grecque que les dieux ont condamné à
 une faim et une soif éternelles. Le niveau de l'eau dans laquelle ils l'ont plongé jusqu'au cou baisse
 dès qu'il essaie de boire, et une branche chargée de fruits s'éloigne dès qu'il veut en saisir un.
2. Une fois le Rubicon passé : le Rubicon était un fleuve entre la Gaule cisalpine, gouvernée par
 César, et l'Italie. César le franchit avec son armée alors qu'il lui était interdit de le faire sans
 ordre du Sénat. C'est à ce moment qu'il prononça sa célèbre phrase : *« Alea jacta est ! »* (« Le
 sort en est jeté. ») L'expression « franchir le Rubicon » signifie « avoir l'audace de prendre une
 décision difficile et irrévocable ».

foie gras, un pâté de mauviettes [1], un morceau de langue fumée, des poires de Crassane, un pavé de Pont-l'Évêque, des petits fours et une tasse pleine de cornichons et d'oignons au vinaigre, Boule de Suif, comme toutes les femmes, adorant les crudités.

450 On ne pouvait manger les provisions de cette fille sans lui parler. Donc on causa, avec réserve d'abord, puis, comme elle se tenait fort bien, on s'abandonna davantage. M^mes de Bréville et Carré-Lamadon, qui avaient un grand savoir-vivre, se firent gracieuses avec délicatesse. La comtesse surtout montra cette condescendance aimable
455 des très nobles dames qu'aucun contact ne peut salir, et fut charmante. Mais la forte M^me Loiseau, qui avait une âme de gendarme, resta revêche, parlant peu et mangeant beaucoup.

On s'entretint de la guerre, naturellement. On raconta des faits horribles des Prussiens, des traits de bravoure des Français ; et tous ces
460 gens qui fuyaient rendirent hommage au courage des autres. Les histoires personnelles commencèrent bientôt, et Boule de Suif raconta, avec une émotion vraie, avec cette chaleur de parole qu'ont parfois les filles [2] pour exprimer leurs emportements naturels, comment elle avait quitté Rouen : « J'ai cru d'abord que je pourrais rester, disait-elle.
465 J'avais ma maison pleine de provisions, et j'aimais mieux nourrir quelques soldats que m'expatrier je ne sais où. Mais quand je les ai vus, ces Prussiens, ce fut plus fort que moi ! Ils m'ont tourné le sang de colère ; et j'ai pleuré de honte toute la journée. Oh ! si j'étais un homme, allez ! Je les regardais de ma fenêtre, ces gros porcs avec leur
470 casque à pointe, et ma bonne me tenait les mains pour m'empêcher de leur jeter mon mobilier sur le dos. Puis il en est venu pour loger chez moi ; alors j'ai sauté à la gorge du premier. Ils ne sont pas plus difficiles à étrangler que d'autres ! Et je l'aurais terminé, celui-là, si l'on ne m'avait pas tirée par les cheveux. Il a fallu me cacher après ça.
475 Enfin, quand j'ai trouvé une occasion, je suis partie, et me voici. »

On la félicita beaucoup. Elle grandissait dans l'estime de ses compagnons qui ne s'étaient pas montrés si crânes [3] ; et Cornudet, en l'écoutant, gardait un sourire approbateur et bienveillant d'apôtre ;

1. Mauviettes : alouettes.
2. Filles : filles de joie, prostituées.
3. Crânes : braves, courageux.

de même un prêtre entend un dévot louer Dieu, car les démocrates
480 à longue barbe ont le monopole du patriotisme comme les hommes
en soutane ont celui de la religion. Il parla à son tour d'un ton doctri-
naire, avec l'emphase apprise dans les proclamations qu'on collait
chaque jour aux murs, et il finit par un morceau d'éloquence où il
étrillait magistralement cette « crapule de Badinguet[1] ».

485 Mais Boule de Suif aussitôt se fâcha, car elle était bonapartiste. Elle
devenait plus rouge qu'une guigne[2], et, bégayant d'indignation :
« J'aurais bien voulu vous voir à sa place, vous autres. Ça aurait été du
propre, ah oui ! C'est vous qui l'avez trahi, cet homme ! On n'aurait
plus qu'à quitter la France si l'on était gouverné par des polissons
490 comme vous ! » Cornudet, impassible, gardait un sourire dédaigneux
et supérieur ; mais on sentait que les gros mots allaient arriver quand
le comte s'interposa et calma, non sans peine, la fille exaspérée, en
proclamant avec autorité que toutes les opinions sincères étaient res-
pectables. Cependant la comtesse et la manufacturière, qui avaient
495 dans l'âme la haine irraisonnée des gens comme il faut pour la
République, et cette instinctive tendresse que nourrissent toutes les
femmes pour les gouvernements à panache[3] et despotiques, se sen-
taient, malgré elles, attirées vers cette prostituée pleine de dignité,
dont les sentiments ressemblaient si fort aux leurs.

500 Le panier était vide. À dix on l'avait tari sans peine, en regrettant
qu'il ne fût pas plus grand. La conversation continua quelque temps,
un peu refroidie néanmoins depuis qu'on avait fini de manger.

La nuit tombait, l'obscurité peu à peu devint profonde, et le froid,
plus sensible pendant les digestions, faisait frissonner Boule de Suif,
505 malgré sa graisse. Alors M{me} de Bréville lui proposa sa chaufferette*
dont le charbon, depuis le matin, avait été plusieurs fois renouvelé,
et l'autre accepta tout de suite car elle se sentait les pieds gelés.
M{me} Carré-Lamadon et Loiseau donnèrent les leurs aux religieuses.

1. Badinguet : surnom donné à Napoléon III par ses adversaires. Badinguet est le nom d'un
maçon qui lui avait prêté ses vêtements pour lui permettre, en 1846, de s'évader du fort de
Ham où Louis-Philippe l'avait fait emprisonner.
2. Guigne : petite cerise rouge très sucrée.
3. Gouvernements à panache : le panache est le bouquet de plumes dont sont ornés les casques
de certains militaires ; les gouvernements à panache sont ceux fortement soutenus par l'armée.

Boule de Suif et Cornudet, bien que près de la portière,
descendirent les derniers, graves et hautains devant l'ennemi.

Lignes 548 et 549.

Le cocher avait allumé ses lanternes. Elles éclairaient d'une lueur
510 vive un nuage de buée au-dessus de la croupe en sueur des timoniers[1],
et, des deux côtés de la route, la neige qui semblait se dérouler sous le
reflet mobile des lumières.

On ne distinguait plus rien dans la voiture; mais tout à coup un
mouvement se fit entre Boule de Suif et Cornudet; et Loiseau, dont
515 l'œil fouillait l'ombre, crut voir l'homme à la grande barbe s'écarter
vivement comme s'il eût reçu quelque bon coup lancé sans bruit.

Des petits points de feu parurent en avant sur la route. C'était
Tôtes*. On avait marché onze heures, ce qui, avec les deux heures de
repos laissées en quatre fois aux chevaux pour manger l'avoine et
520 souffler, faisait quatorze[2]. On entra dans le bourg, et devant l'hôtel du
Commerce[3] on s'arrêta.

La portière s'ouvrit. Un bruit bien connu fit tressaillir tous les
voyageurs: c'étaient les heurts d'un fourreau de sabre sur le sol.
Aussitôt la voix d'un Allemand cria quelque chose.

525 Bien que la diligence* fût immobile, personne ne descendait,
comme si l'on se fût attendu à être massacré à la sortie. Alors le
conducteur apparut, tenant à la main une de ses lanternes, qui éclaira
subitement jusqu'au fond de la voiture les deux rangs de têtes effa-
rées, dont les bouches étaient ouvertes et les yeux écarquillés de sur-
530 prise et d'épouvante.

À côté du cocher se tenait, en pleine lumière, un officier allemand,
un grand jeune homme excessivement mince et blond, serré dans
son uniforme comme une fille en son corset, et portant sur le côté sa
casquette plate et cirée qui le faisait ressembler au chasseur d'un
535 hôtel anglais. Sa moustache démesurée, à longs poils droits, s'amin-
cissant indéfiniment de chaque côté et terminée par un seul fil blond,
si mince qu'on n'en apercevait pas la fin, semblait peser sur les coins
de sa bouche, et, tirant la joue, imprimait aux lèvres un pli tombant.

Il invita en français d'Alsacien les voyageurs à sortir, disant d'un
540 ton raide: « Foulez-vous tescentre, Messieurs et Tames? »

1. Timoniers: chevaux attelés de chaque côté du timon.
2. Le compte est plutôt de treize; Maupassant s'est trompé.
3. L'hôtel du Commerce est, dans la réalité, l'auberge du Cygne à Tôtes.

On entra dans la vaste cuisine de l'auberge, […]

Ligne 558.

Les deux bonnes sœurs obéirent les premières avec une docilité de saintes filles habituées à toutes les soumissions. Le comte et la comtesse parurent ensuite, suivis du manufacturier et de sa femme, puis de Loiseau poussant devant lui sa grande moitié. Celui-ci, en mettant
545 pied à terre, dit à l'officier : « Bonjour, Monsieur », par un sentiment de prudence bien plus que de politesse. L'autre, insolent comme les gens tout-puissants, le regarda sans répondre.

Boule de Suif et Cornudet, bien que près de la portière, descendirent les derniers, graves et hautains devant l'ennemi. La grosse fille
550 tâchait de se dominer et d'être calme : le démoc* tourmentait d'une main tragique et un peu tremblante sa longue barbe roussâtre. Ils voulaient garder de la dignité, comprenant qu'en ces rencontres-là chacun représente un peu son pays ; et, pareillement révoltés par la souplesse de leurs compagnons, elle tâchait de se montrer plus fière
555 que ses voisines, les femmes honnêtes, tandis que lui, sentant bien qu'il devait l'exemple, continuait en toute son attitude sa mission de résistance commencée au défoncement des routes.

On entra dans la vaste cuisine de l'auberge, et l'Allemand, s'étant fait présenter l'autorisation de départ signée par le général en chef et
560 où étaient mentionnés les noms, le signalement et la profession de chaque voyageur, examina longuement tout ce monde, comparant les personnes aux renseignements écrits.

Puis il dit brusquement : « C'est pien », et il disparut.

Alors on respira. On avait faim encore ; le souper fut commandé.
565 Une demi-heure était nécessaire pour l'apprêter ; et, pendant que deux servantes avaient l'air de s'en occuper, on alla visiter les chambres. Elles se trouvaient toutes dans un long couloir que terminait une porte vitrée marquée d'un numéro parlant[1].

Enfin on allait se mettre à table, quand le patron de l'auberge parut
570 lui-même. C'était un ancien marchand de chevaux, un gros homme asthmatique qui avait toujours des sifflements, des enrouements, des chants de glaires dans le larynx. Son père lui avait transmis le nom de Follenvie.

1. Numéro parlant : il s'agit du numéro 100 qui, jusqu'à la fin du XIXᵉ siècle, désignait parfois les toilettes à cause du jeu de mots sent/cent.

Il demanda : « Mademoiselle Élisabeth Rousset ? »

575 Boule de Suif tressaillit, se retourna :

« C'est moi.

— Mademoiselle, l'officier prussien veut vous parler immédiatement.

— À moi ?

580 — Oui, si vous êtes bien mademoiselle Élisabeth Rousset. »

Elle se troubla, réfléchit une seconde, puis déclara carrément :

« C'est possible, mais je n'irai pas. »

Un mouvement se fit autour d'elle ; chacun discutait, cherchait la cause de cet ordre. Le comte s'approcha :

585 « Vous avez tort, Madame, car votre refus peut amener des difficultés considérables, non seulement pour vous, mais même pour tous vos compagnons. Il ne faut jamais résister aux gens qui sont les plus forts. Cette démarche assurément ne peut présenter aucun danger : c'est sans doute pour quelque formalité oubliée. »

590 Tout le monde se joignit à lui, on la pria, on la pressa, on la sermonna, et l'on finit par la convaincre ; car tous redoutaient les complications qui pourraient résulter d'un coup de tête. Elle dit enfin :

« C'est pour vous que je le fais, bien sûr ! »

La comtesse lui prit la main : « Et nous vous en remercions. »

595 Elle sortit. On l'attendit pour se mettre à table. Chacun se désolait de n'avoir pas été demandé à la place de cette fille violente et irascible, et préparait mentalement des platitudes pour le cas où on l'appellerait à son tour.

Mais au bout de dix minutes elle reparut, soufflant, rouge à suffo-
600 quer, exaspérée. Elle balbutiait : « Oh la canaille ! la canaille ! »

Tous s'empressaient pour savoir, mais elle ne dit rien ; et, comme le comte insistait, elle répondit avec une grande dignité : « Non, cela ne vous regarde pas, je ne peux pas parler. »

Alors on s'assit autour d'une haute soupière d'où sortait un par-
605 fum de choux. Malgré cette alerte, le souper fut gai. Le cidre était bon, le ménage Loiseau et les bonnes sœurs en prirent, par économie. Les autres demandèrent du vin ; Cornudet réclama de la bière. Il avait une façon particulière de déboucher la bouteille, de faire mousser le liquide, de le considérer en penchant le verre, qu'il élevait ensuite

entre la lampe et son œil pour bien apprécier la couleur. Quand il buvait, sa grande barbe, qui avait gardé la nuance de son breuvage aimé, semblait tressaillir de tendresse ; ses yeux louchaient pour ne point perdre de vue sa chope, et il avait l'air de remplir l'unique fonction pour laquelle il était né. On eût dit qu'il établissait en son esprit un rapprochement et comme une affinité entre les deux grandes passions qui occupaient toute sa vie : le *Pale Ale* [1] et la Révolution ; et assurément il ne pouvait déguster l'un sans songer à l'autre.

M. et M^me Follenvie dînaient tout au bout de la table. L'homme, râlant comme une locomotive crevée, avait trop de tirage dans la poitrine pour pouvoir parler en mangeant ; mais la femme ne se taisait jamais. Elle raconta toutes ses impressions à l'arrivée des Prussiens, ce qu'ils faisaient, ce qu'ils disaient, les exécrant, d'abord, parce qu'ils lui coûtaient de l'argent, et, ensuite, parce qu'elle avait deux fils à l'armée. Elle s'adressait surtout à la comtesse, flattée de causer avec une dame de qualité [2].

Puis elle baissait la voix pour dire les choses délicates, et son mari, de temps en temps, l'interrompait : « Tu ferais mieux de te taire, madame Follenvie. » Mais elle n'en tenait aucun compte, et continuait : « Oui, Madame, ces gens-là, ça ne fait que manger des pommes de terre et du cochon, et puis du cochon et des pommes de terre. Et il ne faut pas croire qu'ils sont propres. — Oh non ! Ils ordurent partout, sauf le respect que je vous dois. Et si vous les voyiez faire l'exercice pendant des heures et des jours ; ils sont là tous dans un champ : — Et marche en avant, et marche en arrière, et tourne par-ci, et tourne par-là. S'ils cultivaient la terre au moins, ou s'ils travaillaient aux routes dans leur pays ! — Mais non, Madame, ces militaires, ça n'est profitable à personne ! Faut-il que le pauvre peuple les nourrisse pour n'apprendre rien qu'à massacrer ! Je ne suis qu'une vieille femme sans éducation, c'est vrai, mais en les voyant qui s'esquintent le tempérament à piétiner du matin au soir, je me dis : — Quand il y a des gens qui font tant de découvertes pour être utiles, faut-il que d'autres se donnent tant de mal pour être nuisibles ! Vraiment, n'est-ce pas une abomination de tuer des gens, qu'ils soient prussiens, ou bien anglais,

1. La *Pale Ale* est une bière blonde anglaise.
2. Dame de qualité : dame appartenant à la noblesse.

ou bien polonais, ou bien français ? Si l'on se revenge sur quelqu'un qui
645 vous a fait tort, c'est mal, puisqu'on vous condamne ; mais quand on
extermine nos garçons comme du gibier, avec des fusils, c'est donc
bien, puisqu'on donne des décorations à celui qui en détruit le plus ?

— Non, voyez-vous, je ne comprendrai jamais cela ! »

Cornudet éleva la voix :
650 « La guerre est une barbarie quand on attaque un voisin paisible ;
c'est un devoir sacré quand on défend la patrie. »

La vieille femme baissa la tête :

« Oui, quand on se défend, c'est autre chose ; mais si l'on ne devrait
pas plutôt tuer tous les rois qui font ça pour leur plaisir ? »
655 L'œil de Cornudet s'enflamma :

« Bravo, citoyenne », dit-il.

M. Carré-Lamadon réfléchissait profondément. Bien qu'il fût fana-
tique des illustres capitaines, le bon sens de cette paysanne le faisait
songer à l'opulence qu'apporteraient dans un pays tant de bras inoc-
660 cupés et par conséquent ruineux, tant de forces qu'on entretient
improductives, si on les employait aux grands travaux industriels qu'il
faudra des siècles pour achever.

Mais Loiseau, quittant sa place, alla causer tout bas avec l'auber-
giste. Le gros homme riait, toussait, crachait ; son énorme ventre sau-
665 tillait de joie aux plaisanteries de son voisin, et il lui acheta six
feuillettes [1] de bordeaux pour le printemps, quand les Prussiens
seraient partis.

Le souper à peine achevé, comme on était brisé de fatigue, on se
coucha.
670 Cependant Loiseau, qui avait observé les choses, fit mettre au lit
son épouse, puis colla tantôt son oreille et tantôt son œil au trou de
la serrure, pour tâcher de découvrir ce qu'il appelait : « les mystères
du corridor ».

Au bout d'une heure environ, il entendit un frôlement, regarda
675 bien vite, et aperçut Boule de Suif qui paraissait plus replète encore
sous un peignoir de cachemire bleu, bordé de dentelles blanches. Elle
tenait un bougeoir à la main et se dirigeait vers le gros numéro tout

1. Feuillettes : tonneaux dont la capacité varie de 114 à 140 litres.

au fond du couloir. Mais une porte, à côté, s'entrouvrit, et, quand elle
revint au bout de quelques minutes, Cornudet, en bretelles, la suivait.
680 Ils parlaient bas, puis ils s'arrêtèrent. Boule de Suif semblait défendre
l'entrée de sa chambre avec énergie. Loiseau, malheureusement, n'en-
tendait pas les paroles, mais, à la fin, comme ils élevaient la voix, il put
en saisir quelques-unes. Cornudet insistait avec vivacité. Il disait :

« Voyons, vous êtes bête, qu'est-ce que ça vous fait ? »

685 Elle avait l'air indigné et répondit :

« Non, mon cher, il y a des moments où ces choses-là ne se font
pas ; et puis, ici, ce serait une honte. »

Il ne comprenait point, sans doute, et demanda pourquoi. Alors
elle s'emporta, élevant encore le ton :

690 « Pourquoi ? Vous ne comprenez pas pourquoi ? Quand il y a des
Prussiens dans la maison, dans la chambre à côté peut-être ? »

Il se tut. Cette pudeur patriotique de catin[1] qui ne se laissait point
caresser près de l'ennemi dut réveiller en son cœur sa dignité défail-
lante, car, après l'avoir seulement embrassée, il regagna sa porte à pas
695 de loup.

Loiseau, très allumé, quitta la serrure, battit un entrechat dans sa
chambre, mit son madras[2], souleva le drap sous lequel gisait la dure
carcasse de sa compagne qu'il réveilla d'un baiser en murmurant :
« M'aimes-tu, chérie ? »

700 Alors toute la maison devint silencieuse. Mais bientôt s'éleva
quelque part, dans une direction indéterminée qui pouvait être la
cave aussi bien que le grenier, un ronflement puissant, monotone,
régulier, un bruit sourd et prolongé, avec des tremblements de chau-
dière sous pression. M. Follenvie dormait.

705 Comme on avait décidé qu'on partirait à huit heures le lendemain,
tout le monde se trouva dans la cuisine ; mais la voiture, dont la bâche
avait un toit de neige, se dressait solitaire au milieu de la cour, sans
chevaux et sans conducteur. On chercha en vain celui-ci dans les écu-
ries, dans les fourrages, dans les remises. Alors tous les hommes se
710 résolurent à battre le pays et ils sortirent. Ils se trouvèrent sur la place,

1. Catin : prostituée, femme de mauvaises mœurs.
2. Madras : mouchoir en cotonnade indienne de Madras qui, noué sur la tête, servait de bonnet
de nuit.

avec l'église au fond et, des deux côtés, des maisons basses où l'on apercevait des soldats prussiens. Le premier qu'ils virent épluchait des pommes de terre. Le second, plus loin, lavait la boutique du coiffeur. Un autre, barbu jusqu'aux yeux, embrassait un mioche qui pleurait et
715 le berçait sur ses genoux pour tâcher de l'apaiser; et les grosses paysannes dont les hommes étaient à «l'armée de la guerre», indiquaient par signes à leurs vainqueurs obéissants le travail qu'il fallait entreprendre: fendre du bois, tremper la soupe, moudre le café; un d'eux même lavait le linge de son hôtesse, une aïeule tout impotente.

720 Le comte, étonné, interrogea le bedeau qui sortait du presbytère. Le vieux rat d'église lui répondit: «Oh! ceux-là ne sont pas méchants: c'est pas des Prussiens, à ce qu'on dit. Ils sont de plus loin, je ne sais pas bien d'où; et ils ont tous laissé une femme et des enfants au pays; ça ne les amuse pas, la guerre, allez! Je suis sûr qu'on pleure bien aussi
725 là-bas après les hommes; et ça fournira une fameuse misère chez eux comme chez nous. Ici, encore, on n'est pas trop malheureux pour le moment, parce qu'ils ne font pas de mal et qu'ils travaillent comme s'ils étaient dans leurs maisons. Voyez-vous, Monsieur, entre pauvres gens, faut bien qu'on s'aide... C'est les grands qui font la guerre.»

730 Cornudet, indigné de l'entente cordiale établie entre les vainqueurs et les vaincus, se retira, préférant s'enfermer dans l'auberge. Loiseau eut un mot pour rire: «Ils repeuplent.» M. Carré-Lamadon eut un mot grave: «Ils réparent.» Mais on ne trouvait pas le cocher. À la fin on le découvrit dans le café du village attablé fraternellement avec
735 l'ordonnance de l'officier. Le comte l'interpella:

«Ne vous avait-on pas donné l'ordre d'atteler pour huit heures?

— Ah bien oui, mais on m'en a donné un autre depuis.

— Lequel?

— De ne pas atteler du tout.

740 — Qui vous a donné cet ordre?

— Ma foi! le commandant prussien.

— Pourquoi?

— Je n'en sais rien. Allez lui demander. On me défend d'atteler, moi je n'attelle pas. Voilà.

745 — C'est lui-même qui vous a dit cela?

— Non, Monsieur : c'est l'aubergiste qui m'a donné l'ordre de sa part.

— Quand ça ?

— Hier soir, comme j'allais me coucher. »

750 Les trois hommes rentrèrent fort inquiets.

On demanda M. Follenvie, mais la servante répondit que Monsieur, à cause de son asthme, ne se levait jamais avant dix heures. Il avait même formellement défendu de le réveiller plus tôt, excepté en cas d'incendie.

755 On voulut voir l'officier, mais cela était impossible absolument, bien qu'il logeât dans l'auberge. M. Follenvie seul était autorisé à lui parler pour les affaires civiles. Alors on attendit. Les femmes remontèrent dans leurs chambres, et des futilités les occupèrent.

Cornudet s'installa sous la haute cheminée de la cuisine, où
760 flambait un grand feu. Il se fit apporter là une des petites tables du café, une canette, et il tira sa pipe qui jouissait parmi les démocrates d'une considération presque égale à la sienne, comme si elle avait servi la patrie en servant à Cornudet. C'était une superbe pipe en écume admirablement culottée [1], aussi noire que les dents de son maître,
765 mais parfumée, recourbée, luisante, familière à sa main, et complétant sa physionomie. Et il demeura immobile, les yeux tantôt fixés sur la flamme du foyer, tantôt sur la mousse qui couronnait sa chope ; et chaque fois qu'il avait bu, il passait d'un air satisfait ses longs doigts maigres dans ses longs cheveux gras, pendant qu'il humait sa mous-
770 tache frangée d'écume.

Loiseau, sous prétexte de se dégourdir les jambes, alla placer du vin aux débitants du pays. Le comte et le manufacturier se mirent à causer politique. Ils prévoyaient l'avenir de la France. L'un croyait aux d'Orléans, l'autre à un sauveur inconnu, un héros qui se révélerait
775 quand tout serait désespéré : un Du Guesclin [2], une Jeanne d'Arc [3]

1. Culottée : recouverte, à l'intérieur, d'un dépôt noir.
2. Du Guesclin (1320-1380) : héros populaire, célèbre pour la lutte qu'il mena contre les Anglais durant la guerre de Cent Ans.
3. Jeanne d'Arc (1412-1431) : après avoir entendu les voix de trois saints lui ordonner de délivrer la France, elle s'engagea dans la guerre de Cent Ans.

[…] l'officier les reçut, étendu dans un fauteuil, les pieds
sur la cheminée, fumant une longue pipe de porcelaine,
et enveloppé par une robe de chambre flamboyante, […]

Lignes 798 à 800.

peut-être ? ou un autre Napoléon I^er [1] ? Ah ! si le prince impérial [2]
n'était pas si jeune ! Cornudet, les écoutant, souriait en homme qui
sait le mot des destinées. Sa pipe embaumait la cuisine.

Comme dix heures sonnaient, M. Follenvie parut. On l'interrogea
780 bien vite ; mais il ne put que répéter deux ou trois fois, sans une
variante, ces paroles : « L'officier m'a dit comme ça : "Monsieur
Follenvie, vous défendrez qu'on attelle demain la voiture de ces voya-
geurs. Je ne veux pas qu'ils partent sans mon ordre. Vous entendez.
Ça suffit." »

785 Alors on voulut voir l'officier. Le comte lui envoya sa carte où
M. Carré-Lamadon ajouta son nom et tous ses titres. Le Prussien fit
répondre qu'il admettrait ces deux hommes à lui parler quand il
aurait déjeuné, c'est-à-dire vers une heure.

Les dames reparurent et l'on mangea quelque peu, malgré l'inquié-
790 tude. Boule de Suif semblait malade et prodigieusement troublée.

On achevait le café quand l'ordonnance vint chercher ces messieurs.

Loiseau se joignit aux deux premiers ; mais comme on essayait
d'entraîner Cornudet pour donner plus de solennité à leur démarche,
il déclara fièrement qu'il entendait n'avoir jamais aucun rapport avec
795 les Allemands ; et il se remit dans sa cheminée, demandant une autre
canette.

Les trois hommes montèrent et furent introduits dans la plus belle
chambre de l'auberge, où l'officier les reçut, étendu dans un fauteuil, les
pieds sur la cheminée, fumant une longue pipe de porcelaine, et enve-
800 loppé par une robe de chambre flamboyante, dérobée sans doute dans
la demeure abandonnée de quelque bourgeois de mauvais goût. Il ne se
leva pas, ne les salua pas, ne les regarda pas. Il présentait un magnifique
échantillon de la goujaterie naturelle au militaire victorieux.

Au bout de quelques instants il dit enfin :
805 « Qu'est-ce que fous foulez ? »

Le comte prit la parole : « Nous désirons partir, Monsieur.

— Non.

1. Napoléon I^er : empereur des Français de 1804 à 1815.
2. Prince impérial : Eugène-Louis Napoléon, fils de Napoléon III et de l'impératrice Eugénie ; il
 avait 14 ans en 1870.

— Oserai-je vous demander la cause de ce refus ?

— Parce que che ne feux pas.

810 — Je vous ferai respectueusement observer, Monsieur, que votre général en chef nous a délivré une permission de départ pour gagner Dieppe*, et je ne pense pas que nous ayons rien fait pour mériter vos rigueurs.

— Che ne feux pas… foilà tout… Fous poufez tescentre. »

815 S'étant inclinés tous les trois, ils se retirèrent.

L'après-midi fut lamentable. On ne comprenait rien à ce caprice d'Allemand, et les idées les plus singulières troublaient les têtes. Tout le monde se tenait dans la cuisine, et l'on discutait sans fin, imaginant des choses invraisemblables. On voulait peut-être les garder comme 820 otages — mais dans quel but ? — ou les emmener prisonniers ? ou, plutôt, leur demander une rançon considérable ? À cette pensée, une panique les affola. Les plus riches étaient les plus épouvantés, se voyant déjà contraints, pour racheter leur vie, de verser des sacs pleins d'or entre les mains de ce soldat insolent. Ils se creusaient la cervelle pour 825 découvrir des mensonges acceptables, dissimuler leurs richesses, se faire passer pour pauvres, très pauvres. Loiseau enleva sa chaîne de montre et la cacha dans sa poche. La nuit qui tombait augmenta les appréhensions. La lampe fut allumée, et, comme on avait encore deux heures avant le dîner, M^me Loiseau proposa une partie de trente et un [1]. 830 Ce serait une distraction. On accepta. Cornudet lui-même, ayant éteint sa pipe par politesse, y prit part.

Le comte battit les cartes — donna — Boule de Suif avait trente et un d'emblée ; et bientôt l'intérêt de la partie apaisa la crainte qui hantait les esprits. Mais Cornudet s'aperçut que le ménage Loiseau s'en-835 tendait pour tricher.

Comme on allait se mettre à table, M. Follenvie reparut, et, de sa voix graillonnante, il prononça : « L'officier prussien fait demander à M^lle Élisabeth Rousset si elle n'a pas encore changé d'avis. »

Boule de Suif resta debout, toute pâle ; puis, devenant subitement 840 cramoisie, elle eut un tel étouffement de colère qu'elle ne pouvait plus parler. Enfin elle éclata : « Vous lui direz à cette crapule, à ce saligaud,

1. Partie de trente et un : jeu de cartes où il faut atteindre ou s'approcher de 31 points.

à cette charogne de Prussien, que jamais je ne voudrai ; vous entendez
bien, jamais, jamais, jamais ! »

Le gros aubergiste sortit. Alors Boule de Suif fut entourée, interro-
845 gée, sollicitée par tout le monde de dévoiler le mystère de sa visite.
Elle résista d'abord ; mais l'exaspération l'emporta bientôt : « Ce qu'il
veut ?… ce qu'il veut ?… Il veut coucher avec moi ! » cria-t-elle.
Personne ne se choqua du mot, tant l'indignation fut vive. Cornudet
brisa sa chope en la reposant violemment sur la table. C'était une cla-
850 meur de réprobation contre ce soudard[1] ignoble, un souffle de colère,
une union de tous pour la résistance, comme si l'on eût demandé à
chacun une partie du sacrifice exigé d'elle. Le comte déclara avec
dégoût que ces gens-là se conduisaient à la façon des anciens barbares.
Les femmes surtout témoignèrent à Boule de Suif une commisération
855 énergique et caressante. Les bonnes sœurs, qui ne se montraient
qu'aux repas, avaient baissé la tête et ne disaient rien.

On dîna néanmoins lorsque la première fureur fut apaisée ; mais
on parla peu ; on songeait.

Les dames se retirèrent de bonne heure, et les hommes, tout en
860 fumant, organisèrent un écarté[2] auquel fut convié M. Follenvie, qu'on
avait l'intention d'interroger habilement sur les moyens à employer
pour vaincre la résistance de l'officier. Mais il ne songeait qu'à ses
cartes, sans rien écouter, sans rien répondre ; et il répétait sans cesse :
« Au jeu, Messieurs, au jeu. » Son attention était si tendue qu'il en
865 oubliait de cracher, ce qui lui mettait parfois des points d'orgue[3] dans
la poitrine. Ses poumons sifflants donnaient toute la gamme de
l'asthme, depuis les notes graves et profondes jusqu'aux enrouements
aigus des jeunes coqs essayant de chanter.

Il refusa même de monter quand sa femme, qui tombait de sommeil,
870 vint le chercher. Alors elle partit toute seule, car elle était « du matin »,
toujours levée avec le soleil, tandis que son homme était « du soir »,
toujours prêt à passer la nuit avec des amis. Il lui cria : « Tu placeras

1. Soudard : soldat grossier, brutal.
2. Écarté : jeu où les joueurs peuvent écarter les cartes qui ne leur conviennent pas et les rempla-
cer par de nouvelles.
3. Points d'orgue : terme de musique qui désigne un signe placé sur une note pour en prolonger
la durée ; les sifflements de M. Follenvie se prolongent.

mon lait de poule [1] devant le feu », et se remit à sa partie. Quand on
vit bien qu'on n'en pourrait rien tirer, on déclara qu'il était temps de
875 s'en aller, et chacun gagna son lit.

On se leva encore d'assez bonne heure le lendemain, avec un
espoir indéterminé, un désir plus grand de s'en aller, une terreur du
jour à passer dans cette horrible petite auberge.

Hélas ! les chevaux restaient à l'écurie, le cocher demeurait invi-
880 sible. On alla, par désœuvrement, tourner autour de la voiture.

Le déjeuner fut bien triste ; et il s'était produit comme un refroidis-
sement vis-à-vis de Boule de Suif, car la nuit, qui porte conseil, avait
un peu modifié les jugements. On en voulait presque à cette fille,
maintenant, de n'avoir pas été trouver secrètement le Prussien, afin
885 de ménager, au réveil, une bonne surprise à ses compagnons. Quoi de
plus simple ? Qui l'eût su d'ailleurs ? Elle aurait pu sauver les appa-
rences en faisant dire à l'officier qu'elle prenait en pitié leur détresse.
Pour elle ça avait si peu d'importance !

Mais personne n'avouait encore ces pensées.

890 Dans l'après-midi, comme on s'ennuyait à périr, le comte proposa
de faire une promenade aux alentours du village. Chacun s'enveloppa
avec soin et la petite société partit, à l'exception de Cornudet, qui pré-
férait rester près du feu, et des bonnes sœurs, qui passaient leurs jour-
nées dans l'église ou chez le curé.

895 Le froid, plus intense de jour en jour, piquait cruellement le nez et
les oreilles ; les pieds devenaient si douloureux que chaque pas était
une souffrance ; et lorsque la campagne se découvrit, elle leur apparut
si effroyablement lugubre sous cette blancheur illimitée que tout le
monde aussitôt retourna, l'âme glacée et le cœur serré.

900 Les quatre femmes marchaient devant, les trois hommes suivaient,
un peu derrière.

Loiseau, qui comprenait la situation, demanda tout à coup si cette
« garce-là » allait les faire rester longtemps encore dans un pareil
endroit. Le comte, toujours courtois, dit qu'on ne pouvait exiger
905 d'une femme un sacrifice aussi pénible, et qu'il devait venir d'elle-
même. M. Carré-Lamadon remarqua que si les Français faisaient,

1. Lait de poule : jaune d'œuf battu avec du lait et de l'eau chaude sucrée et aromatisée.

comme il en était question, un retour offensif par Dieppe*, la rencontre ne pourrait avoir lieu qu'à Tôtes*. Cette réflexion rendit les deux autres soucieux. « Si l'on se sauvait à pied », dit Loiseau. Le comte haussa les
910 épaules : « Y songez-vous, dans cette neige ? avec nos femmes ? Et puis nous serions tout de suite poursuivis, rattrapés en dix minutes, et ramenés prisonniers à la merci des soldats. » C'était vrai ; on se tut.

Les dames parlaient toilette ; mais une certaine contrainte semblait les désunir.

915 Tout à coup, au bout de la rue, l'officier parut. Sur la neige qui fermait l'horizon il profilait sa grande taille de guêpe en uniforme, et marchait, les genoux écartés, de ce mouvement particulier aux militaires qui s'efforcent de ne point maculer leurs bottes soigneusement cirées.

Il s'inclina en passant près des dames, et regarda dédaigneusement
920 les hommes qui eurent, du reste, la dignité de ne point se découvrir, bien que Loiseau ébauchât un geste pour retirer sa coiffure.

Boule de Suif était devenue rouge jusqu'aux oreilles ; et les trois femmes mariées ressentaient une grande humiliation d'être ainsi rencontrées par ce soldat, dans la compagnie de cette fille qu'il avait si
925 cavalièrement traitée.

Alors on parla de lui, de sa tournure, de son visage. Mme Carré-Lamadon, qui avait connu beaucoup d'officiers et qui les jugeait en connaisseur, trouvait celui-là pas mal du tout ; elle regrettait même qu'il ne fût pas français, parce qu'il ferait un fort joli hussard[1] dont
930 toutes les femmes assurément raffoleraient.

Une fois rentrés, on ne sut plus que faire. Des paroles aigres furent même échangées à propos de choses insignifiantes. Le dîner silencieux dura peu, et chacun monta se coucher, espérant dormir pour tuer le temps.

935 On descendit le lendemain avec des visages fatigués et des cœurs exaspérés. Les femmes parlaient à peine à Boule de Suif.

Une cloche tinta. C'était pour un baptême. La grosse fille avait un enfant élevé chez des paysans d'Yvetot[2]. Elle ne le voyait pas une fois

1. Hussard : soldat de la cavalerie légère, réputé pour son élégance et son pouvoir de séduction.
2. Yvetot : ville située à environ 35 km au nord-ouest de Rouen et 20 km au sud-ouest de Tôtes.

l'an, et n'y songeait jamais ; mais la pensée de celui qu'on allait bapti-
940 ser lui jeta au cœur une tendresse subite et violente pour le sien, et elle
voulut absolument assister à la cérémonie.

Aussitôt qu'elle fut partie, tout le monde se regarda, puis on rap-
procha les chaises, car on sentait bien qu'à la fin il fallait décider
quelque chose. Loiseau eut une inspiration : il était d'avis de proposer
945 à l'officier de garder Boule de Suif toute seule, et de laisser partir
les autres.

M. Follenvie se chargea encore de la commission, mais il redescen-
dit presque aussitôt. L'Allemand, qui connaissait la nature humaine,
l'avait mis à la porte. Il prétendait retenir tout le monde tant que son
950 désir ne serait pas satisfait.

Alors le tempérament populacier de M^me Loiseau éclata : « Nous
n'allons pourtant pas mourir de vieillesse ici. Puisque c'est son métier,
à cette gueuse, de faire ça avec tous les hommes, je trouve qu'elle n'a
pas le droit de refuser l'un plutôt que l'autre. Je vous demande un
955 peu, ça a pris tout ce qu'elle a trouvé dans Rouen, même des cochers !
oui, madame, le cocher de la préfecture ! Je le sais bien, moi, il achète
son vin à la maison. Et aujourd'hui qu'il s'agit de nous tirer d'embar-
ras, elle fait la mijaurée, cette morveuse !… Moi, je trouve qu'il se
conduit très bien, cet officier. Il est peut-être privé depuis longtemps ;
960 et nous étions là trois qu'il aurait sans doute préférées. Mais non, il se
contente de celle à tout le monde. Il respecte les femmes mariées.
Songez donc, il est le maître. Il n'avait qu'à dire : "Je veux", et il pouvait
nous prendre de force avec ses soldats. »

Les deux femmes eurent un petit frisson. Les yeux de la jolie
965 M^me Carré-Lamadon brillaient, et elle était un peu pâle, comme si elle
se sentait déjà prise de force par l'officier.

Les hommes, qui discutaient à l'écart, se rapprochèrent. Loiseau,
furibond, voulait livrer « cette misérable » pieds et poings liés à l'en-
nemi. Mais le comte, issu de trois générations d'ambassadeurs, et
970 doué d'un physique de diplomate, était partisan de l'habileté : « Il fau-
drait la décider », dit-il.

Alors on conspira.

Les femmes se serrèrent, le ton de la voix fut baissé, et la discussion devint générale, chacun donnant son avis. C'était fort convenable du reste. Ces dames surtout trouvaient des délicatesses de tournures, des subtilités d'expression charmantes, pour dire les choses les plus scabreuses. Un étranger n'aurait rien compris tant les précautions du langage étaient observées. Mais la légère tranche de pudeur dont est bardée toute femme du monde ne recouvrant que la surface, elles s'épanouissaient dans cette aventure polissonne, s'amusaient follement au fond, se sentant dans leur élément, tripotant de l'amour avec la sensualité d'un cuisinier gourmand qui prépare le souper d'un autre.

La gaieté revenait d'elle-même, tant l'histoire leur semblait drôle à la fin. Le comte trouva des plaisanteries un peu risquées, mais si bien dites qu'elles faisaient sourire. À son tour Loiseau lâcha quelques grivoiseries plus raides dont on ne se blessa point ; et la pensée brutalement exprimée par sa femme dominait tous les esprits : « Puisque c'est son métier à cette fille, pourquoi refuserait-elle celui-là plus qu'un autre ? » La gentille M^me Carré-Lamadon semblait même penser qu'à sa place elle refuserait celui-là moins qu'un autre.

On prépara longuement le blocus, comme pour une forteresse investie. Chacun convint du rôle qu'il jouerait, des arguments dont il s'appuierait, des manœuvres qu'il devrait exécuter. On régla le plan des attaques, les ruses à employer, et les surprises de l'assaut, pour forcer cette citadelle vivante à recevoir l'ennemi dans la place.

Cornudet cependant restait à l'écart, complètement étranger à cette affaire.

Une attention si profonde tendait les esprits, qu'on n'entendit point rentrer Boule de Suif. Mais le comte souffla un léger : « Chut » qui fit relever tous les yeux. Elle était là. On se tut brusquement, et un certain embarras empêcha d'abord de lui parler. La comtesse, plus assouplie que les autres aux duplicités des salons, l'interrogea : « Était-ce amusant, ce baptême ? »

La grosse fille, encore émue, raconta tout, et les figures, et les attitudes, et l'aspect même de l'église. Elle ajouta : « C'est si bon de prier quelquefois. »

Cependant, jusqu'au déjeuner, ces dames se contentèrent d'être aimables avec elle, pour augmenter sa confiance et sa docilité à leurs conseils.

1010 Aussitôt à table, on commença les approches. Ce fut d'abord une conversation vague sur le dévouement. On cita des exemples anciens : Judith et Holopherne [1], puis, sans aucune raison, Lucrèce avec Sextus [2], Cléopâtre [3] faisant passer par sa couche tous les généraux ennemis, et les y réduisant à des servilités d'esclave. Alors se déroula une histoire

1015 fantaisiste, éclose dans l'imagination de ces millionnaires ignorants, où les citoyennes de Rome allaient endormir, à Capoue, Annibal [4] entre leurs bras, et, avec lui, ses lieutenants, et les phalanges des mercenaires. On cita toutes les femmes qui ont arrêté des conqué- rants, fait de leur corps un champ de bataille, un moyen de domi-

1020 ner, une arme, qui ont vaincu par leurs caresses héroïques des êtres hideux ou détestés, et sacrifié leur chasteté à la vengeance et au dévouement.

On parla même en termes voilés de cette Anglaise de grande famille qui s'était laissé inoculer une horrible et contagieuse maladie

1025 pour la transmettre à Bonaparte sauvé miraculeusement, par une fai- blesse subite, à l'heure du rendez-vous fatal [5].

Et tout cela était raconté d'une façon convenable et modérée, où parfois éclatait un enthousiasme voulu propre à exciter l'émulation.

On aurait pu croire, à la fin, que le seul rôle de la femme, ici-bas,

1030 était un perpétuel sacrifice de sa personne, un abandon continu aux caprices des soldatesques [6].

1. Judith et Holopherne : Judith est une héroïne juive qui, pour sauver la ville de Béthulie, sédui- sit Holopherne, le général ennemi, et lui coupa la tête pendant son ivresse.
2. Lucrèce avec Sextus : Lucrèce est une héroïne romaine qui se suicida après avoir été violée par le roi Sextus Tarquin (509 av. J.-C.). Ce drame souleva la révolte et entraîna la chute de la royauté.
3. Cléopâtre (69-30 av. J.-C.) : reine d'Égypte qui séduisit les généraux romains, César et Marc- Antoine.
4. Annibal ou Hannibal (247-183 av. J.-C.) : général carthaginois qui, en 215 av. J.-C., s'empara de la ville de Capoue en Italie. L'histoire veut que ses troupes aient perdu leur combativité dans les plaisirs offerts dans cette ville ; les Romains la reprirent en 211 av. J.-C.
5. Lire *Le Lit 29*, conte que Maupassant a écrit sur un sujet semblable.
6. Soldatesques (terme péjoratif) : ensemble de soldats brutaux et indisciplinés.

Les deux bonnes sœurs ne semblaient point entendre, perdues en des pensées profondes. Boule de Suif ne disait rien.

Pendant toute l'après-midi, on la laissa réfléchir. Mais, au lieu de l'appeler « madame », comme on avait fait jusque-là, on lui disait simplement « mademoiselle », sans que personne sût bien pourquoi, comme si l'on avait voulu la faire descendre d'un degré dans l'estime qu'elle avait escaladée, lui faire sentir sa situation honteuse.

Au moment où l'on servit le potage, M. Follenvie reparut, répétant sa phrase de la veille : « L'officier prussien fait demander à M^lle Élisabeth Rousset si elle n'a point encore changé d'avis. »

Boule de Suif répondit sèchement : « Non, Monsieur. »

Mais au dîner la coalition faiblit. Loiseau eut trois phrases malheureuses. Chacun se battait les flancs [1] pour découvrir des exemples nouveaux et ne trouvait rien, quand la comtesse, sans préméditation peut-être, éprouvant un vague besoin de rendre hommage à la Religion, interrogea la plus âgée des bonnes sœurs sur les grands faits de la vie des saints. Or beaucoup avaient commis des actes qui seraient des crimes à nos yeux ; mais l'Église absout sans peine ces forfaits quand ils sont accomplis pour la gloire de Dieu ou pour le bien du prochain. C'était un argument puissant ; la comtesse en profita. Alors, soit par une de ces ententes tacites, de ces complaisances voilées, où excelle quiconque porte un habit ecclésiastique, soit simplement par l'effet d'une inintelligence heureuse, d'une secourable bêtise, la vieille religieuse apporta à la conspiration un formidable appui. On la croyait timide, elle se montra hardie, verbeuse, violente. Celle-là n'était pas troublée par les tâtonnements de la casuistique [2] ; sa doctrine semblait une barre de fer ; sa foi n'hésitait jamais ; sa conscience n'avait point de scrupules. Elle trouvait tout simple le sacrifice d'Abraham [3], car elle aurait immédiatement tué père et mère sur un ordre venu d'en haut ; et rien, à son avis, ne pouvait déplaire au Seigneur quand l'intention était louable. La comtesse, mettant à profit l'autorité sacrée de sa complice inattendue, lui fit faire comme

1. Se battait les flancs : s'efforçait en vain.
2. Casuistique : partie de la théologie morale qui s'occupe des cas de conscience.
3. Abraham : patriarche biblique qui, pour obéir à Dieu, accepte de tuer son fils Isaac. À la dernière minute, un ange arrête son bras et un bélier remplace Isaac qui est ainsi sauvé.

une paraphrase édifiante de cet axiome de morale : « La fin justifie
1065 les moyens. »

Elle l'interrogeait :

« Alors, ma sœur, vous pensez que Dieu accepte toutes les voies, et
pardonne le fait quand le motif est pur ?

— Qui pourrait en douter, Madame ? Une action blâmable en soi
1070 devient souvent méritoire par la pensée qui l'inspire. »

Et elles continuaient ainsi, démêlant les volontés de Dieu, pré-
voyant ses décisions, le faisant s'intéresser à des choses qui, vraiment,
ne le regardaient guère.

Tout cela était enveloppé, habile, discret. Mais chaque parole de la
1075 sainte fille en cornette faisait brèche dans la résistance indignée de
la courtisane. Puis, la conversation se détournant un peu, la femme
aux chapelets pendants parla des maisons de son ordre, de sa supé-
rieure, d'elle-même, et de sa mignonne voisine, la chère sœur Saint-
Nicéphore. On les avait demandées au Havre* pour soigner dans les
1080 hôpitaux des centaines de soldats atteints de la petite vérole*. Elles
les dépeignit, ces misérables, détailla leur maladie. Et tandis qu'elles
étaient arrêtées en route par les caprices de ce Prussien, un grand
nombre de Français pouvaient mourir qu'elles auraient sauvés peut-
être ! C'était sa spécialité, à elle, de soigner les militaires ; elle avait été
1085 en Crimée [1], en Italie, en Autriche, et, racontant ses campagnes, elle se
révéla tout à coup une de ces religieuses à tambours et à trompettes
qui semblent faites pour suivre les camps, ramasser des blessés dans
les remous des batailles, et, mieux qu'un chef, dompter d'un mot les
grands soudards* indisciplinés ; une vraie bonne sœur Ran-tan-plan
1090 dont la figure ravagée, crevée de trous sans nombre, paraissait une
image des dévastations de la guerre.

Personne ne dit rien après elle, tant l'effet semblait excellent.

Aussitôt le repas terminé on remonta bien vite dans les chambres
pour ne descendre, le lendemain, qu'assez tard dans la matinée.

1095 Le déjeuner fut tranquille. On donnait à la graine semée la veille le
temps de germer et de pousser ses fruits.

1. Crimée : presqu'île de la mer Noire où eut lieu, en 1854 et 1855, une guerre qui opposa la Russie
 à d'autres pays dont la France.

La comtesse proposa de faire une promenade dans l'après-midi ; alors le comte, comme il était convenu, prit le bras de Boule de Suif, et demeura derrière les autres, avec elle.

Il lui parla de ce ton familier, paternel, un peu dédaigneux, que les hommes posés emploient avec les filles, l'appelant « ma chère enfant », la traitant du haut de sa position sociale, de son honorabilité indiscutée. Il pénétra tout de suite au vif de la question :

« Donc vous préférez nous laisser ici, exposés comme vous-même à toutes les violences qui suivraient un échec des troupes prussiennes, plutôt que de consentir à une de ces complaisances que vous avez eues si souvent en votre vie ? »

Boule de Suif ne répondit rien.

Il la prit par la douceur, par le raisonnement, par les sentiments. Il sut rester « monsieur le comte », tout en se montrant galant quand il le fallut, complimenteur, aimable enfin. Il exalta le service qu'elle leur rendrait, parla de leur reconnaissance ; puis soudain, la tutoyant gaiement : « Et tu sais, ma chère, il pourrait se vanter d'avoir goûté d'une jolie fille comme il n'en trouvera pas beaucoup dans son pays. »

Boule de Suif ne répondit pas et rejoignit la société.

Aussitôt rentrée, elle monta chez elle et ne reparut plus. L'inquiétude était extrême. Qu'allait-elle faire ? Si elle résistait, quel embarras !

L'heure du dîner sonna ; on l'attendit en vain. M. Follenvie, entrant alors, annonça que M^lle Rousset se sentait indisposée, et qu'on pouvait se mettre à table. Tout le monde dressa l'oreille. Le comte s'approcha de l'aubergiste, et, tout bas : « Ça y est ? — Oui. » Par convenance, il ne dit rien à ses compagnons, mais il leur fit seulement un léger signe de la tête. Aussitôt un grand soupir de soulagement sortit de toutes les poitrines, une allégresse parut sur les visages. Loiseau cria : « Saperlipopette ! je paye du champagne si l'on en trouve dans l'établissement » ; et M^me Loiseau eut une angoisse lorsque le patron revint avec quatre bouteilles aux mains. Chacun était devenu subitement communicatif et bruyant ; une joie égrillarde emplissait les cœurs. Le comte parut s'apercevoir que M^me Carré-Lamadon était charmante,

le manufacturier fit des compliments à la comtesse. La conversation fut vive, enjouée, pleine de traits[1].

Tout à coup, Loiseau, la face anxieuse et levant les bras, hurla : « Silence ! » Tout le monde se tut, surpris, presque effrayé déjà. Alors il
1135 tendit l'oreille en faisant « Chut ! » des deux mains, leva les yeux vers le plafond, écouta de nouveau, et reprit, de sa voix naturelle : « Rassurez-vous, tout va bien. »

On hésitait à comprendre, mais bientôt un sourire passa.

Au bout d'un quart d'heure il recommença la même farce, la renou-
1140 vela souvent dans la soirée ; et il faisait semblant d'interpeller quelqu'un à l'étage au-dessus, en lui donnant des conseils à double sens puisés dans son esprit de commis voyageur. Par moments il prenait un air triste pour soupirer : « Pauvre fille ! » ou bien il murmurait entre ses dents d'un air rageur : « Gueux de Prussien, va ! » Quel-
1145 quefois, au moment où l'on n'y songeait plus, il poussait, d'une voix vibrante, plusieurs : « Assez ! Assez ! » et ajoutait, comme se parlant à lui-même : « Pourvu que nous la revoyions ; qu'il ne l'en fasse pas mourir, le misérable ! »

Bien que ces plaisanteries fussent d'un goût déplorable, elles amu-
1150 saient et ne blessaient personne, car l'indignation dépend des milieux comme le reste, et l'atmosphère qui s'était peu à peu créée autour d'eux était chargée de pensées grivoises.

Au dessert, les femmes elles-mêmes firent des allusions spirituelles et discrètes. Les regards luisaient ; on avait bu beaucoup.
1155 Le comte, qui conservait, même en ses écarts, sa grande apparence de gravité, trouva une comparaison fort goûtée sur la fin des hivernages[2] au pôle et la joie des naufragés qui voient s'ouvrir une route vers le sud.

Loiseau, lancé, se leva, un verre de champagne à la main : « Je bois à
1160 notre délivrance ! » Tout le monde fut debout ; on l'acclamait. Les deux bonnes sœurs, elles-mêmes, sollicitées par ces dames, consentirent à tremper leurs lèvres dans ce vin mousseux dont elles n'avaient

1. Traits : expressions spirituelles, mots d'esprit.
2. Hivernages : temps de la mauvaise saison que les navires passent à l'abri.

jamais goûté. Elles déclarèrent que cela ressemblait à la limonade gazeuse, mais que c'était plus fin cependant.

1165 Loiseau résuma la situation.

« C'est malheureux de ne pas avoir de piano parce qu'on pourrait pincer un quadrille[1]. »

Cornudet n'avait pas dit un mot, pas fait un geste; il paraissait même plongé dans des pensées très graves, et tirait parfois, d'un 1170 geste furieux, sa grande barbe qu'il semblait vouloir allonger encore. Enfin, vers minuit, comme on allait se séparer, Loiseau qui titubait, lui tapa soudain sur le ventre et lui dit en bredouillant : « Vous n'êtes pas farce[2], vous, ce soir; vous ne dites rien, citoyen ? » Mais Cornudet releva brusquement la tête, et parcourant la société d'un regard luisant et 1175 terrible : « Je vous dis à tous que vous venez de faire une infamie ! » Il se leva, gagna la porte, répéta encore une fois : « Une infamie ! » et disparut.

Cela jeta un froid d'abord. Loiseau, interloqué, restait bête; mais il reprit son aplomb, puis, tout à coup, se tordit en répétant : « Ils sont trop verts[3], mon vieux, ils sont trop verts. » Comme on ne compre- 1180 nait pas, il raconta les « mystères du corridor ». Alors il y eut une reprise de gaieté formidable. Ces dames s'amusaient comme des folles. Le comte et M. Carré-Lamadon pleuraient à force de rire. Ils ne pouvaient croire.

« Comment ! Vous êtes sûr ? Il voulait...

1185 — Je vous dis que je l'ai vu.

— Et, elle a refusé...

— Parce que le Prussien était dans la chambre à côté.

— Pas possible ?

— Je vous jure. »

1190 Le comte étouffait. L'industriel se comprimait le ventre à deux mains. Loiseau continuait :

« Et, vous comprenez, ce soir, il ne la trouve pas drôle, mais pas du tout. »

1. Pincer un quadrille : jouer l'air (habituellement sur un instrument à cordes) d'un quadrille, danse à la mode au XIXe siècle.

2. Vous n'êtes pas farce (familier et vieilli) : Vous n'êtes pas drôle.

3. Ils sont trop verts : allusion à la fable de La Fontaine, *Le Renard et les raisins,* dans laquelle un renard affamé ne peut atteindre des raisins mûrs et affirme ne pas les manger parce qu'ils sont trop verts.

Et tous les trois repartaient, malades, essoufflés, toussant.

1195 On se sépara là-dessus. Mais M^me Loiseau, qui était de la nature des orties, fit remarquer à son mari, au moment où ils se couchaient, que « cette chipie » de petite Carré-Lamadon avait ri jaune toute la soirée : « Tu sais, les femmes, quand ça en tient[1] pour l'uniforme, qu'il soit français ou bien prussien, ça leur est, ma foi, bien égal. Si ce n'est 1200 pas une pitié, Seigneur Dieu ! »

Et toute la nuit, dans l'obscurité du corridor coururent comme des frémissements, des bruits légers, à peine sensibles, pareils à des souffles, des effleurements de pieds nus, d'imperceptibles craquements. Et l'on ne dormit que très tard, assurément, car des filets de 1205 lumière glissèrent longtemps sous les portes. Le champagne a de ces effets-là ; il trouble, dit-on, le sommeil.

Le lendemain, un clair soleil d'hiver rendait la neige éblouissante. La diligence*, attelée enfin, attendait devant la porte, tandis qu'une armée de pigeons blancs, rengorgés dans leurs plumes épaisses, avec 1210 un œil rose, taché, au milieu, d'un point noir, se promenaient gravement entre les jambes des six chevaux, et cherchaient leur vie dans le crottin fumant qu'ils éparpillaient.

Le cocher, enveloppé dans sa peau de mouton, grillait une pipe sur le siège, et tous les voyageurs radieux faisaient rapidement empaque-1215 ter des provisions pour le reste du voyage.

On n'attendait plus que Boule de Suif. Elle parut.

Elle semblait un peu troublée, honteuse, et elle s'avança timidement vers ses compagnons, qui, tous, d'un même mouvement, se détournèrent comme s'ils ne l'avaient pas aperçue. Le comte prit avec 1220 dignité le bras de sa femme et l'éloigna de ce contact impur.

La grosse fille s'arrêta, stupéfaite ; alors, ramassant tout son courage, elle aborda la femme du manufacturier d'un « bonjour, Madame » humblement murmuré. L'autre fit de la tête seule un petit salut impertinent qu'elle accompagna d'un regard de vertu outra-1225 gée. Tout le monde semblait affairé, et l'on se tenait loin d'elle comme si elle eût apporté une infection dans ses jupes. Puis on se

1. Ça en tient (familier) : ça aime.

précipita vers la voiture où elle arriva seule, la dernière, et reprit en silence la place qu'elle avait occupée pendant la première partie de la route.

1230 On semblait ne pas la voir, ne pas la connaître ; mais M^me Loiseau, la considérant de loin avec indignation, dit à mi-voix à son mari : « Heureusement que je ne suis pas à côté d'elle. »

La lourde voiture s'ébranla, et le voyage recommença.

On ne parla point d'abord. Boule de Suif n'osait pas lever les yeux.
1235 Elle se sentait en même temps indignée contre tous ses voisins, et humiliée d'avoir cédé, souillée par les baisers de ce Prussien entre les bras duquel on l'avait hypocritement jetée.

Mais la comtesse, se tournant vers M^me Carré-Lamadon, rompit bientôt ce pénible silence.

1240 « Vous connaissez, je crois, M^me d'Étrelles ?

— Oui, c'est une de mes amies.

— Quelle charmante femme !

— Ravissante ! Une vraie nature d'élite, fort instruite d'ailleurs, et artiste jusqu'au bout des doigts : elle chante à ravir et dessine dans
1245 la perfection ! »

Le manufacturier causait avec le comte, et au milieu du fracas des vitres un mot parfois jaillissait : « Coupon — échéance — prime — à terme. »

Loiseau, qui avait chipé le vieux jeu de cartes de l'auberge,
1250 engraissé par cinq ans de frottement sur les tables mal essuyées, attaqua un bésigue[1] avec sa femme.

Les bonnes sœurs prirent à leur ceinture le long rosaire* qui pendait, firent ensemble le signe de la croix, et tout à coup leurs lèvres se mirent à remuer vivement, se hâtant de plus en plus, précipitant leur
1255 vague murmure comme pour une course d'*oremus*[2] ; et de temps en temps elles baisaient une médaille, se signaient de nouveau, puis recommençaient leur marmottement rapide et continu.

1. Bésigue : jeu de cartes.
2. *Oremus* : prions, en latin. Ici, prières, oraisons.

Cornudet songeait, immobile.

Au bout de trois heures de route, Loiseau ramassa ses cartes :
1260 « Il fait faim », dit-il.

Alors sa femme atteignit un paquet ficelé d'où elle fit sortir un
morceau de veau froid. Elle le découpa proprement par tranches
minces et fermes, et tous deux se mirent à manger. « Si nous en fai-
sions autant », dit la comtesse. On y consentit et elle déballa les pro-
1265 visions préparées pour les deux ménages. C'était, dans un de ces
vases allongés dont le couvercle porte un lièvre en faïence, pour indi-
quer qu'un lièvre en pâté gît au-dessous, une charcuterie succulente,
où de blanches rivières de lard traversaient la chair brune du gibier,
mêlée à d'autres viandes hachées fin. Un beau carré de gruyère,
1270 apporté dans un journal, gardait imprimé : « faits divers » sur sa pâte
onctueuse.

Les deux bonnes sœurs développèrent un rond de saucisson qui sen-
tait l'ail ; et Cornudet, plongeant les deux mains en même temps dans
les vastes poches de son paletot, tira de l'une quatre œufs durs et de
1275 l'autre le croûton d'un pain. Il détacha la coque, la jeta sous ses pieds
dans la paille et se mit à mordre à même les œufs, faisant tomber sur
sa vaste barbe des parcelles de jaune clair qui semblaient, là-dedans,
des étoiles.

Boule de Suif, dans la hâte et l'effarement de son lever, n'avait pu
1280 songer à rien ; et elle regardait, exaspérée, suffoquant de rage, tous ces
gens qui mangeaient placidement. Une colère tumultueuse la crispa
d'abord, et elle ouvrit la bouche pour leur crier leur fait avec un flot
d'injures qui lui montait aux lèvres ; mais elle ne pouvait pas parler
tant l'exaspération l'étranglait.

1285 Personne ne la regardait, ne songeait à elle. Elle se sentait noyée
dans le mépris de ces gredins honnêtes qui l'avaient sacrifiée
d'abord, rejetée ensuite, comme une chose malpropre et inutile.
Alors elle songea à son grand panier tout plein de bonnes choses
qu'ils avaient goulûment dévorées, à ses deux poulets luisants de
1290 gelée, à ses pâtés, à ses poires, à ses quatre bouteilles de bordeaux ; et sa

fureur tombant soudain, comme une corde trop tendue qui casse, elle se sentit prête à pleurer. Elle fit des efforts terribles, se raidit, avala ses sanglots comme les enfants ; mais les pleurs montaient, luisaient au bord de ses paupières, et bientôt deux grosses larmes, se détachant
1295 des yeux, roulèrent lentement sur ses joues. D'autres les suivirent plus rapides, coulant comme les gouttes d'eau qui filtrent d'une roche, et tombant régulièrement sur la courbe rebondie de sa poitrine. Elle restait droite, le regard fixe, la face rigide et pâle, espérant qu'on ne la verrait pas.

1300 Mais la comtesse s'en aperçut et prévint son mari d'un signe. Il haussa les épaules comme pour dire : « Que voulez-vous ? ce n'est pas ma faute. » M^me Loiseau eut un rire muet de triomphe, et murmura : « Elle pleure sa honte. »

 Les deux bonnes sœurs s'étaient remises à prier, après avoir roulé
1305 dans un papier le reste de leur saucisson.

 Alors Cornudet, qui digérait ses œufs, étendit ses longues jambes sous la banquette d'en face, se renversa, croisa ses bras, sourit comme un homme qui vient de trouver une bonne farce, et se mit à siffloter *La Marseillaise*[1].

1310 Toutes les figures se rembrunirent. Le chant populaire, assurément, ne plaisait point à ses voisins. Ils devinrent nerveux, agacés, et avaient l'air prêts à hurler comme des chiens qui entendent un orgue de Barbarie. Il s'en aperçut, ne s'arrêta plus. Parfois même il fredonnait les paroles :

1315 *Amour sacré de la patrie*
 Conduis, soutiens, nos bras vengeurs,
 Liberté, liberté chérie,
 Combats avec tes défenseurs !

 On fuyait plus vite, la neige étant plus dure ; et jusqu'à Dieppe*,
1320 pendant les longues heures mornes du voyage, à travers les cahots du chemin, par la nuit tombante, puis dans l'obscurité profonde de la

1. *La Marseillaise* : chant révolutionnaire des Marseillais interdit sous le Second Empire ; il ne peut qu'irriter les bourgeois conservateurs. Il ne deviendra l'hymne national des Français qu'en 1879.

voiture, il continua, avec une obstination féroce, son sifflement ven-geur et monotone, contraignant les esprits las et exaspérés à suivre le chant d'un bout à l'autre, à se rappeler chaque parole qu'ils appliquaient sur chaque mesure.

Et Boule de Suif pleurait toujours; et parfois un sanglot, qu'elle n'avait pu retenir, passait, entre deux couplets, dans les ténèbres.

BOULE DE SUIF
ILLUSTRATION DE PIERRE GEORGES JEANNIOT.

Elle l'attacha autour de sa gorge, sur sa robe montante,
et demeura en extase devant elle-même.

Lignes 118 et 119.

La Parure

C'était une de ces jolies et charmantes filles, nées, comme par une erreur du destin, dans une famille d'employés. Elle n'avait pas de dot [1], pas d'espérances [2], aucun moyen d'être connue, comprise, aimée, épousée par un homme riche et distingué ; et elle se laissa marier avec 5 un petit commis du ministère de l'Instruction publique [3].

Elle fut simple, ne pouvant être parée, mais malheureuse comme une déclassée ; car les femmes n'ont point de caste [4] ni de race, leur beauté, leur grâce et leur charme leur servant de naissance et de famille. Leur finesse native, leur instinct d'élégance, leur souplesse 10 d'esprit sont leur seule hiérarchie, et font des filles du peuple les égales des plus grandes dames.

Elle souffrait sans cesse, se sentant née pour toutes les délicatesses et tous les luxes. Elle souffrait de la pauvreté de son logement, de la misère des murs, de l'usure des sièges, de la laideur des étoffes. Toutes ces choses, 15 dont une autre femme de sa caste ne se serait même pas aperçue, la torturaient et l'indignaient. La vue de la petite Bretonne qui faisait son humble ménage éveillait en elle des regrets désolés et des rêves éperdus. Elle songeait aux antichambres [5] muettes, capitonnées avec des tentures orientales, éclairées par de hautes torchères [6] de bronze, et aux deux 20 grands valets en culotte courte qui dorment dans les larges fauteuils, assoupis par la chaleur lourde du calorifère. Elle songeait aux grands salons vêtus de soie ancienne, aux meubles fins portant des bibelots inestimables, et aux petits salons coquets, parfumés, faits pour la causerie de cinq heures avec les amis les plus intimes, les hommes connus et 25 recherchés dont toutes les femmes envient et désirent l'attention.

1. Dot : biens qu'une femme apporte en se mariant.
2. Espérances : biens qu'on attend d'un héritage.
3. Maupassant a travaillé, comme fonctionnaire, au ministère de l'Instruction publique, de décembre 1878 à 1880.
4. Caste : classe sociale fermée.
5. Antichambres : pièces d'attente placées à l'entrée d'un grand appartement ou d'un salon de réception.
6. Hautes torchères : grands candélabres.

Quand elle s'asseyait, pour dîner, devant la table ronde couverte d'une nappe de trois jours, en face de son mari qui découvrait la soupière en déclarant d'un air enchanté : « Ah ! le bon pot-au-feu ! je ne sais rien de meilleur que cela… », elle songeait aux dîners fins, aux argen-
30 teries reluisantes, aux tapisseries peuplant les murailles de personnages anciens et d'oiseaux étranges au milieu d'une forêt de féerie ; elle songeait aux plats exquis servis en des vaisselles merveilleuses, aux galanteries chuchotées et écoutées avec un sourire de sphinx [1], tout en mangeant la chair rose d'une truite ou des ailes de gélinotte [2].

35 Elle n'avait pas de toilettes, pas de bijoux, rien. Et elle n'aimait que cela ; elle se sentait faite pour cela. Elle eût tant désiré plaire, être enviée, être séduisante et recherchée.

Elle avait une amie riche, une camarade de couvent qu'elle ne voulait plus aller voir, tant elle souffrait en revenant. Et elle pleurait pen-
40 dant des jours entiers, de chagrin, de regret, de désespoir et de détresse.

* * *

Or, un soir, son mari rentra, l'air glorieux et tenant à la main une large enveloppe.

— Tiens, dit-il, voici quelque chose pour toi.

Elle déchira vivement le papier et en tira une carte imprimée qui
45 portait ces mots :

« Le ministre de l'Instruction publique et M[me] Georges Ramponneau prient M. et M[me] Loisel de leur faire l'honneur de venir passer la soirée à l'hôtel du ministère, le lundi 18 janvier. »

Au lieu d'être ravie, comme l'espérait son mari, elle jeta avec dépit
50 l'invitation sur la table, murmurant :

— Que veux-tu que je fasse de cela ?

— Mais, ma chérie, je pensais que tu serais contente. Tu ne sors jamais, et c'est une occasion, cela, une belle ! J'ai eu une peine infinie à l'obtenir. Tout le monde en veut ; c'est très recherché et on n'en donne
55 pas beaucoup aux employés. Tu verras là tout le monde officiel.

Elle le regardait d'un œil irrité, et elle déclara avec impatience :

— Que veux-tu que je me mette sur le dos pour aller là ?

1. Sphinx : dans la mythologie, lion ailé à tête et buste de femme qui proposait une énigme aux voyageurs. « Sourire de sphinx » signifie « sourire énigmatique ».
2. Gélinotte : oiseau semblable à la perdrix.

Il n'y avait pas songé ; il balbutia :

— Mais la robe avec laquelle tu vas au théâtre. Elle me semble très
60 bien, à moi…

Il se tut, stupéfait, éperdu, en voyant que sa femme pleurait. Deux
grosses larmes descendaient lentement des coins des yeux vers les
coins de la bouche ; il bégaya :

— Qu'as-tu ? qu'as-tu ?

65 Mais, par un effort violent, elle avait dompté sa peine et elle répon-
dit d'une voix calme en essuyant ses joues humides :

— Rien. Seulement je n'ai pas de toilette et par conséquent je ne
peux aller à cette fête. Donne ta carte à quelque collègue dont la
femme sera mieux nippée[1] que moi.

70 Il était désolé. Il reprit :

— Voyons, Mathilde. Combien cela coûterait-il, une toilette conve-
nable, qui pourrait te servir encore en d'autres occasions, quelque
chose de très simple ?

Elle réfléchit quelques secondes, établissant ses comptes et son-
75 geant aussi à la somme qu'elle pouvait demander sans s'attirer un
refus immédiat et une exclamation effarée du commis économe.

Enfin, elle répondit en hésitant :

— Je ne sais pas au juste, mais il me semble qu'avec quatre cents
francs je pourrais arriver.

80 Il avait un peu pâli, car il réservait juste cette somme pour acheter
un fusil et s'offrir des parties de chasse, l'été suivant, dans la plaine de
Nanterre[2], avec quelques amis qui allaient tirer des alouettes, par là,
le dimanche.

Il dit cependant :

85 — Soit. Je te donne quatre cents francs. Mais tâche d'avoir une
belle robe.

* * *

Le jour de la fête approchait, et M^me Loisel semblait triste, inquiète,
anxieuse. Sa toilette était prête cependant. Son mari lui dit un soir :

— Qu'as-tu ? Voyons, tu es toute drôle depuis trois jours.

1. Nippée : habillée.
2. Nanterre : dans la banlieue nord-ouest de Paris.

90 Et elle répondit :

— Cela m'ennuie de n'avoir pas un bijou, pas une pierre, rien à mettre sur moi. J'aurai l'air misère comme tout. J'aimerais presque mieux ne pas aller à cette soirée.

Il reprit :

95 — Tu mettras des fleurs naturelles. C'est très chic en cette saison-ci. Pour dix francs tu auras deux ou trois roses magnifiques.

Elle n'était point convaincue.

— Non… il n'y a rien de plus humiliant que d'avoir l'air pauvre au milieu de femmes riches.

100 Mais son mari s'écria :

— Que tu es bête ! Va trouver ton amie M^me Forestier [1] et demande-lui de te prêter des bijoux. Tu es bien assez liée avec elle pour faire cela.

Elle poussa un cri de joie.

105 — C'est vrai. Je n'y avais point pensé.

Le lendemain, elle se rendit chez son amie et lui conta sa détresse.

M^me Forestier alla vers son armoire à glace, prit un large coffret, l'apporta, l'ouvrit, et dit à M^me Loisel :

— Choisis, ma chère.

110 Elle vit d'abord des bracelets, puis un collier de perles, puis une croix vénitienne, or et pierreries, d'un admirable travail. Elle essayait les parures devant la glace, hésitait, ne pouvait se décider à les quitter, à les rendre. Elle demandait toujours :

— Tu n'as plus rien d'autre ?

115 — Mais si. Cherche. Je ne sais pas ce qui peut te plaire.

Tout à coup elle découvrit, dans une boîte de satin noir, une superbe rivière de diamants [2], et son cœur se mit à battre d'un désir immodéré. Ses mains tremblaient en la prenant. Elle l'attacha autour de sa gorge, sur sa robe montante, et demeura en extase devant elle-même.

120 Puis, elle demanda, hésitante, pleine d'angoisse :

— Peux-tu me prêter cela, rien que cela ?

— Mais oui, certainement.

1. M^me Forestier : nom d'un des personnages principaux du roman *Bel-Ami* auquel travaillait Maupassant quand il écrivit *La Parure*.
2. Rivière de diamants : collier de diamants.

Elle sauta au cou de son amie, l'embrassa avec emportement, puis s'enfuit avec son trésor.

* * *

125 Le jour de la fête arriva. M^me Loisel eut un succès. Elle était plus jolie que toutes, élégante, gracieuse, souriante et folle de joie. Tous les hommes la regardaient, demandaient son nom, cherchaient à être présentés. Tous les attachés du cabinet voulaient valser avec elle. Le ministre la remarqua.

130 Elle dansait avec ivresse, avec emportement, grisée par le plaisir, ne pensant plus à rien, dans le triomphe de sa beauté, dans la gloire de son succès, dans une sorte de nuage de bonheur fait de tous ces hommages, de toutes ces admirations, de tous ces désirs éveillés, de cette victoire si complète et si douce au cœur des femmes.

135 Elle partit vers quatre heures du matin. Son mari, depuis minuit, dormait dans un petit salon désert avec trois autres messieurs dont les femmes s'amusaient beaucoup.

Il lui jeta sur les épaules les vêtements qu'il avait apportés pour la sortie, modestes vêtements de la vie ordinaire, dont la pauvreté jurait 140 avec l'élégance de la toilette de bal. Elle le sentit et voulut s'enfuir, pour ne pas être remarquée par les autres femmes qui s'enveloppaient de riches fourrures.

Loisel la retenait:

— Attends donc. Tu vas attraper froid dehors. Je vais appeler un 145 fiacre [1].

Mais elle ne l'écoutait point et descendait rapidement l'escalier. Lorsqu'ils furent dans la rue, ils ne trouvèrent pas de voiture; et ils se mirent à chercher, criant après les cochers qu'ils voyaient passer de loin.

Ils descendaient vers la Seine, désespérés, grelottants. Enfin ils 150 trouvèrent sur le quai un de ces vieux coupés noctambules qu'on ne voit dans Paris que la nuit venue, comme s'ils eussent été honteux de leur misère pendant le jour.

Il les ramena jusqu'à leur porte, rue des Martyrs, et ils remontèrent tristement chez eux. C'était fini, pour elle. Et il songeait, lui, qu'il lui 155 faudrait être au ministère à dix heures.

1. Fiacre: voiture à cheval qu'on louait à la course, l'équivalent du taxi aujourd'hui.

Elle ôta les vêtements dont elle s'était enveloppé les épaules, devant la glace, afin de se voir encore une fois dans sa gloire. Mais soudain elle poussa un cri. Elle n'avait plus sa rivière autour du cou.

Son mari, à moitié dévêtu déjà, demanda :

160 — Qu'est-ce que tu as ?

Elle se tourna vers lui, affolée :

— J'ai… j'ai… je n'ai plus la rivière de M^me Forestier.

Il se dressa, éperdu :

— Quoi !… comment !… Ce n'est pas possible !

165 Et ils cherchèrent dans les plis de la robe, dans les plis du manteau, dans les poches, partout. Ils ne la trouvèrent point.

Il demandait :

— Tu es sûre que tu l'avais encore en quittant le bal ?

— Oui, je l'ai touchée dans le vestibule du ministère.

170 — Mais, si tu l'avais perdue dans la rue, nous l'aurions entendue tomber. Elle doit être dans le fiacre*.

— Oui. C'est probable. As-tu pris le numéro ?

— Non. Et toi, tu ne l'as pas regardé ?

— Non.

175 Ils se contemplaient atterrés. Enfin Loisel se rhabilla.

— Je vais, dit-il, refaire tout le trajet que nous avons fait à pied, pour voir si je ne la retrouverai pas.

Et il sortit. Elle demeura en toilette de soirée, sans force pour se coucher, abattue sur une chaise, sans feu, sans pensée.

180 Son mari rentra vers sept heures. Il n'avait rien trouvé.

Il se rendit à la Préfecture de police, aux journaux, pour faire promettre une récompense, aux compagnies de petites voitures, partout enfin où un soupçon d'espoir le poussait.

Elle attendit tout le jour, dans le même état d'effarement devant cet 185 affreux désastre.

Loisel revint le soir, avec la figure creusée, pâlie ; il n'avait rien découvert.

— Il faut, dit-il, écrire à ton amie que tu as brisé la fermeture de sa rivière et que tu la fais réparer. Cela nous donnera le temps de 190 nous retourner.

Elle écrivit sous sa dictée.

* * *

Au bout d'une semaine, ils avaient perdu toute espérance.

Et Loisel, vieilli de cinq ans, déclara :

— Il faut aviser à remplacer ce bijou.

195 Ils prirent, le lendemain, la boîte qui l'avait renfermé, et se rendirent chez le joaillier, dont le nom se trouvait dedans. Il consulta ses livres :

— Ce n'est pas moi, madame, qui ai vendu cette rivière ; j'ai dû seulement fournir l'écrin.

200 Alors ils allèrent de bijoutier en bijoutier, cherchant une parure pareille à l'autre, consultant leurs souvenirs, malades tous deux de chagrin et d'angoisse.

Ils trouvèrent, dans une boutique du Palais-Royal, un chapelet de diamants qui leur parut entièrement semblable à celui qu'ils cher-
205 chaient. Il valait quarante mille francs. On le leur laisserait à trente-six mille.

Ils prièrent donc le joaillier de ne pas le vendre avant trois jours. Et ils firent condition qu'on le reprendrait pour trente-quatre mille francs, si le premier était retrouvé avant la fin de février.

210 Loisel possédait dix-huit mille francs que lui avait laissés son père. Il emprunterait le reste.

Il emprunta, demandant mille francs à l'un, cinq cents à l'autre, cinq louis[1] par-ci, trois louis par-là. Il fit des billets[2], prit des engagements ruineux, eut affaire aux usuriers[3], à toutes les races de prêteurs.
215 Il compromit toute la fin de son existence, risqua sa signature sans savoir même s'il pourrait y faire honneur, et, épouvanté par les angoisses de l'avenir, par la noire misère qui allait s'abattre sur lui, par la perspective de toutes les privations physiques et de toutes les tortures morales, il alla chercher la rivière nouvelle, en déposant sur le
220 comptoir du marchand trente-six mille francs.

Quand Mᵐᵉ Loisel reporta la parure à Mᵐᵉ Forestier, celle-ci lui dit, d'un air froissé :

1. Louis : pièces d'or.
2. Billets : reconnaissances de dettes.
3. Usuriers : personnes qui prêtent à un taux d'intérêt élevé.

— Tu aurais dû me la rendre plus tôt, car je pouvais en avoir besoin.

225　Elle n'ouvrit pas l'écrin, ce que redoutait son amie. Si elle s'était aperçue de la substitution, qu'aurait-elle pensé? qu'aurait-elle dit? Ne l'aurait-elle pas prise pour une voleuse?

* * *

M^me Loisel connut la vie horrible des nécessiteux[1]. Elle prit son parti, d'ailleurs, tout d'un coup, héroïquement. Il fallait payer cette
230　dette effroyable. Elle payerait. On renvoya la bonne; on changea de logement; on loua sous les toits une mansarde.

Elle connut les gros travaux du ménage, les odieuses besognes de la cuisine. Elle lava la vaisselle, usant ses ongles roses sur les poteries grasses et le fond des casseroles. Elle savonna le linge sale, les chemises
235　et les torchons, qu'elle faisait sécher sur une corde; elle descendit à la rue, chaque matin, les ordures, et monta l'eau, s'arrêtant à chaque étage pour souffler. Et, vêtue comme une femme du peuple, elle alla chez le fruitier, chez l'épicier, chez le boucher, le panier au bras, marchandant, injuriée, défendant sou à sou son misérable argent.

240　Il fallait chaque mois payer des billets*, en renouveler d'autres, obtenir du temps.

Le mari travaillait, le soir, à mettre au net les comptes d'un commerçant, et la nuit, souvent, il faisait de la copie à cinq sous la page.

Et cette vie dura dix ans.

245　Au bout de dix ans, ils avaient tout restitué, tout, avec le taux de l'usure, et l'accumulation des intérêts superposés.

M^me Loisel semblait vieille, maintenant. Elle était devenue la femme forte, et dure, et rude, des ménages pauvres. Mal peignée, avec les jupes de travers et les mains rouges, elle parlait haut, lavait à grande
250　eau les planchers. Mais parfois, lorsque son mari était au bureau, elle s'asseyait auprès de la fenêtre, et elle songeait à cette soirée d'autrefois, à ce bal où elle avait été si belle et si fêtée.

Que serait-il arrivé si elle n'avait point perdu cette parure? Qui sait? qui sait? Comme la vie est singulière, changeante! Comme il
255　faut peu de chose pour vous perdre ou vous sauver!

1. Nécessiteux: personnes très pauvres qui manquent du nécessaire.

* * *

Or, un dimanche, comme elle était allée faire un tour aux Champs-Élysées[1] pour se délasser des besognes de la semaine, elle aperçut tout à coup une femme qui promenait un enfant. C'était M^me Forestier, toujours jeune, toujours belle, toujours séduisante. M^me Loisel se sen-
260 tit émue. Allait-elle lui parler? Oui, certes. Et maintenant qu'elle avait payé, elle lui dirait tout. Pourquoi pas?

Elle s'approcha.

— Bonjour, Jeanne.

L'autre ne la reconnaissait point, s'étonnant d'être appelée ainsi
265 familièrement par cette bourgeoise. Elle balbutia:

— Mais… madame!… Je ne sais… Vous devez vous tromper.

— Non. Je suis Mathilde Loisel.

Son amie poussa un cri:

— Oh!… ma pauvre Mathilde, comme tu es changée!…

270 — Oui, j'ai eu des jours bien durs, depuis que je ne t'ai vue; et bien des misères… et cela à cause de toi!…

— De moi… Comment ça?

— Tu te rappelles bien cette rivière de diamants* que tu m'as prê-tée pour aller à la fête du ministère.

275 — Oui. Eh bien?

— Eh bien, je l'ai perdue.

— Comment! puisque tu me l'as rapportée.

— Je t'en ai rapporté une autre toute pareille. Et voilà dix ans que nous la payons. Tu comprends que ça n'était pas aisé pour nous, qui
280 n'avions rien… Enfin, c'est fini, et je suis rudement contente.

M^me Forestier s'était arrêtée.

— Tu dis que tu as acheté une rivière de diamants pour remplacer la mienne?

— Oui. Tu ne t'en étais pas aperçue, hein? Elles étaient bien pareilles.

285 Et elle souriait d'une joie orgueilleuse et naïve.

M^me Forestier, fort émue, lui prit les deux mains.

— Oh! ma pauvre Mathilde! Mais la mienne était fausse. Elle valait au plus cinq cents francs!…

1. Champs-Élysées: vastes jardins à Paris.

ILLUSTRATION DE WILLIAM JULIAN-DAMAZY.

LE HORLA

8 mai. — Quelle journée admirable ! J'ai passé toute la matinée
étendu sur l'herbe, devant ma maison, sous l'énorme platane qui la
couvre, l'abrite et l'ombrage tout entière. J'aime ce pays, et j'aime y
vivre parce que j'y ai mes racines, ces profondes et délicates racines,
5 qui attachent un homme à la terre où sont nés et morts ses aïeux, qui
l'attachent à ce qu'on pense et à ce qu'on mange, aux usages comme
aux nourritures, aux locutions locales, aux intonations des paysans,
aux odeurs du sol, des villages et de l'air lui-même.

J'aime ma maison[1] où j'ai grandi. De mes fenêtres, je vois la Seine
10 qui coule, le long de mon jardin, derrière la route, presque chez moi,
la grande et large Seine, qui va de Rouen au Havre[2], couverte de
bateaux qui passent.

À gauche, là-bas, Rouen, la vaste ville aux toits bleus, sous le peuple
pointu des clochers gothiques[3]. Ils sont innombrables, frêles ou
15 larges, dominés par la flèche de fonte de la cathédrale, et pleins de clo-
ches qui sonnent dans l'air bleu des belles matinées, jetant jusqu'à moi
leur doux et lointain bourdonnement de fer, leur chant d'airain[4] que
la brise m'apporte, tantôt plus fort et tantôt plus affaibli, suivant
qu'elle s'éveille ou s'assoupit.

20 Comme il faisait bon ce matin !

Vers onze heures, un long convoi de navires, traînés par un remor-
queur, gros comme une mouche, et qui râlait de peine en vomissant
une fumée épaisse, défila devant ma grille.

Après deux goélettes[5] anglaises, dont le pavillon rouge ondoyait
25 sur le ciel, venait un superbe trois-mâts brésilien, tout blanc, admira-
blement propre et luisant. Je le saluai, je ne sais pourquoi, tant ce
navire me fit plaisir à voir.

1. Maupassant s'est inspiré de la maison de Flaubert, à Croisset, près de Rouen.
2. Rouen et Le Havre sont deux villes de Normandie.
3. Gothiques : l'art gothique est un style d'architecture né au XIIᵉ siècle dans le nord de la France.
4. Airain : ancien nom du bronze.
5. Goélettes : bâtiments légers à deux mâts.

12 mai. — J'ai un peu de fièvre depuis quelques jours ; je me sens souffrant, ou plutôt je me sens triste.

30 D'où viennent ces influences[1] mystérieuses qui changent en découragement notre bonheur et notre confiance en détresse ? On dirait que l'air, l'air invisible est plein d'inconnaissables Puissances, dont nous subissons les voisinages mystérieux. Je m'éveille plein de gaieté, avec des envies de chanter dans la gorge. — Pourquoi ? — Je
35 descends le long de l'eau ; et soudain, après une courte promenade, je rentre désolé, comme si quelque malheur m'attendait chez moi. — Pourquoi ? — Est-ce un frisson de froid qui, frôlant ma peau, a ébranlé mes nerfs et assombri mon âme ? Est-ce la forme des nuages, ou la couleur du jour, la couleur des choses, si variable, qui, passant
40 par mes yeux, a troublé ma pensée ? Sait-on ? Tout ce qui nous entoure, tout ce que nous voyons sans le regarder, tout ce que nous frôlons sans le connaître, tout ce que nous touchons sans le palper, tout ce que nous rencontrons sans le distinguer, a sur nous, sur nos organes et, par eux, sur nos idées, sur notre cœur lui-même, des effets
45 rapides, surprenants et inexplicables ?

Comme il est profond, ce mystère de l'Invisible ! Nous ne le pouvons sonder avec nos sens misérables, avec nos yeux qui ne savent apercevoir ni le trop petit, ni le trop grand, ni le trop près, ni le trop loin, ni les habitants d'une étoile, ni les habitants d'une goutte
50 d'eau… avec nos oreilles qui nous trompent, car elles nous transmettent les vibrations de l'air en notes sonores. Elles sont des fées qui font ce miracle de changer en bruit ce mouvement et par cette métamorphose donnent naissance à la musique, qui rend chantante l'agitation muette de la nature… avec notre odorat, plus faible que
55 celui du chien… avec notre goût, qui peut à peine discerner l'âge d'un vin !

Ah ! si nous avions d'autres organes qui accompliraient en notre faveur d'autres miracles, que de choses nous pourrions découvrir encore autour de nous !

1. Influences : par allusion au sens ancien du mot, c'est-à-dire flux en provenance des astres qui agit sur l'humeur des hommes.

60 *16 mai.* — Je suis malade, décidément ! Je me portais si bien le mois
dernier ! J'ai la fièvre, une fièvre atroce, ou plutôt un énervement
fiévreux, qui rend mon âme aussi souffrante que mon corps. J'ai sans
cesse cette sensation affreuse d'un danger menaçant, cette appréhen-
sion d'un malheur qui vient ou de la mort qui approche, ce pressen-
65 timent qui est sans doute l'atteinte d'un mal encore inconnu, germant
dans le sang et dans la chair.

18 mai. — Je viens d'aller consulter mon médecin, car je ne pou-
vais plus dormir. Il m'a trouvé le pouls rapide, l'œil dilaté, les nerfs
vibrants, mais sans aucun symptôme alarmant. Je dois me soumettre
70 aux douches et boire du bromure de potassium[1].

25 mai. — Aucun changement ! Mon état, vraiment, est bizarre. À
mesure qu'approche le soir, une inquiétude incompréhensible m'enva-
hit, comme si la nuit cachait pour moi une menace terrible. Je dîne[2]
vite, puis j'essaye de lire ; mais je ne comprends pas les mots ; je dis-
75 tingue à peine les lettres. Je marche alors dans mon salon de long en
large, sous l'oppression d'une crainte confuse et irrésistible, la crainte
du sommeil et la crainte du lit.

Vers dix heures, je monte dans ma chambre. À peine entré, je donne
deux tours de clef, et je pousse les verrous ; j'ai peur… de quoi ?… Je
80 ne redoutais rien jusqu'ici… j'ouvre mes armoires, je regarde sous
mon lit ; j'écoute… j'écoute… quoi ?… Est-ce étrange qu'un simple
malaise, un trouble de la circulation peut-être, l'irritation d'un filet
nerveux, un peu de congestion, une toute petite perturbation dans le
fonctionnement si imparfait et si délicat de notre machine vivante,
85 puisse faire un mélancolique du plus joyeux des hommes, et un poltron
du plus brave ? Puis, je me couche, et j'attends le sommeil comme on
attendrait le bourreau. Je l'attends avec l'épouvante de sa venue ; et
mon cœur bat, et mes jambes frémissent ; et tout mon corps tressaille
dans la chaleur des draps, jusqu'au moment où je tombe tout à coup dans
90 le repos, comme on tomberait pour s'y noyer, dans un gouffre d'eau
stagnante. Je ne le sens pas venir, comme autrefois, ce sommeil perfide,

1. Les douches froides et le bromure de potassium étaient utilisés dans le traitement des maladies
 nerveuses. Maupassant y a eu recours.
2. En France, le dîner est le repas du soir.

Et soudain, je m'éveille, affolé, couvert de sueur.
J'allume une bougie. Je suis seul.

Lignes 105 et 106.

caché près de moi, qui me guette, qui va me saisir par la tête, me fermer les yeux, m'anéantir.

Je dors — longtemps — deux ou trois heures — puis un rêve 95 — non — un cauchemar m'étreint. Je sens bien que je suis couché et que je dors... je le sens et je le sais... et je sens aussi que quelqu'un s'approche de moi, me regarde, me palpe, monte sur mon lit, s'agenouille sur ma poitrine, me prend le cou entre ses mains et serre... serre... de toute sa force pour m'étrangler.

100 Moi, je me débats, lié par cette impuissance atroce, qui nous paralyse dans les songes ; je veux crier, — je ne peux pas ; — je veux remuer, — je ne peux pas ; — j'essaye, avec des efforts affreux, en haletant, de me tourner, de rejeter cet être qui m'écrase et qui m'étouffe, — je ne peux pas !

105 Et soudain, je m'éveille, affolé, couvert de sueur. J'allume une bougie. Je suis seul.

Après cette crise, qui se renouvelle toutes les nuits, je dors enfin, avec calme, jusqu'à l'aurore.

2 juin. — Mon état s'est encore aggravé. Qu'ai-je donc ? Le bro-110 mure n'y fait rien ; les douches n'y font rien. Tantôt, pour fatiguer mon corps, si las pourtant, j'allai faire un tour dans la forêt de Roumare[1]. Je crus d'abord que l'air frais, léger et doux, plein d'odeur d'herbes et de feuilles, me versait aux veines un sang nouveau, au cœur une énergie nouvelle. Je pris une grande avenue de chasse, puis 115 je tournai vers La Bouille[2], par une allée étroite, entre deux armées d'arbres démesurément hauts qui mettaient un toit vert, épais, presque noir, entre le ciel et moi.

Un frisson me saisit soudain, non pas un frisson de froid, mais un étrange frisson d'angoisse.

120 Je hâtai le pas, inquiet d'être seul dans ce bois, apeuré sans raison, stupidement, par la profonde solitude. Tout à coup, il me sembla que j'étais suivi, qu'on marchait sur mes talons, tout près, tout près, à me toucher.

1. Forêt à l'ouest de Rouen et de Croisset. Sise sur une falaise, elle longe la Seine.
2. Village au sud de la forêt de Roumare sur la rive gauche de la Seine.

Je me retournai brusquement. J'étais seul.

Ligne 124.

Je me retournai brusquement. J'étais seul. Je ne vis derrière moi que
125 la droite et large allée, vide, haute, redoutablement vide; et de l'autre
côté elle s'étendait aussi à perte de vue, toute pareille, effrayante.

Je fermai les yeux. Pourquoi? Et je me mis à tourner sur un talon,
très vite, comme une toupie. Je faillis tomber; je rouvris les yeux; les
arbres dansaient; la terre flottait; je dus m'asseoir. Puis, ah! je ne
130 savais plus par où j'étais venu! Bizarre idée! Bizarre! Bizarre idée! Je
ne savais plus du tout. Je partis par le côté qui se trouvait à ma droite,
et je revins dans l'avenue qui m'avait amené au milieu de la forêt.

3 juin. — La nuit a été horrible. Je vais m'absenter pendant quel-
ques semaines. Un petit voyage, sans doute, me remettra.

135 *2 juillet.* — Je rentre. Je suis guéri. J'ai fait d'ailleurs une excursion
charmante. J'ai visité le mont Saint-Michel[1] que je ne connaissais pas.

Quelle vision, quand on arrive, comme moi, à Avranches[2], vers la
fin du jour! La ville est sur une colline; et on me conduisit dans le
jardin public, au bout de la cité. Je poussai un cri d'étonnement. Une
140 baie démesurée s'étendait devant moi, à perte de vue, entre deux
côtes écartées se perdant au loin dans les brumes; et au milieu de
cette immense baie jaune, sous un ciel d'or et de clarté, s'élevait
sombre et pointu un mont étrange, au milieu des sables. Le soleil
venait de disparaître, et sur l'horizon encore flambloyant se dessinait
145 le profil de ce fantastique rocher qui porte sur son sommet un fan-
tastique monument.

Dès l'aurore, j'allai vers lui. La mer était basse, comme la veille au
soir, et je regardais se dresser devant moi, à mesure que j'approchais
d'elle, la surprenante abbaye. Après plusieurs heures de marche, j'at-
150 teignis l'énorme bloc de pierres qui porte la petite cité dominée par la
grande église. Ayant gravi la rue étroite et rapide, j'entrai dans la plus
admirable demeure gothique* construite pour Dieu sur la terre, vaste
comme une ville, pleine de salles basses écrasées sous des voûtes et de
hautes galeries que soutiennent de frêles colonnes. J'entrai dans ce
155 gigantesque bijou de granit, aussi léger qu'une dentelle, couvert de

1. Mont Saint-Michel: îlot rocheux situé dans une baie de la Manche. Il est surmonté d'une
 impressionnante abbaye bénédictine construite au Moyen Âge.
2. Avranches: ville d'où l'on a une vue imprenable sur le mont Saint-Michel.

tours, de sveltes clochetons[1], où montent des escaliers tordus, et qui lancent dans le ciel bleu des jours, dans le ciel noir des nuits, leurs têtes bizarres hérissées de chimères[2], de diables, de bêtes fantastiques, de fleurs monstrueuses, et reliés l'un à l'autre par de fines arches 160 ouvragées.

Quand je fus sur le sommet, je dis au moine qui m'accompagnait : « Mon père, comme vous devez être bien ici ! »

Il répondit : « Il y a beaucoup de vent, Monsieur » ; et nous nous mîmes à causer en regardant monter la mer, qui courait sur le sable et 165 le couvrait d'une cuirasse d'acier.

Et le moine me conta des histoires, toutes les vieilles histoires de ce lieu, des légendes, toujours des légendes.

Une d'elles me frappa beaucoup. Les gens du pays, ceux du mont, prétendent qu'on entend parler la nuit dans les sables, puis qu'on 170 entend bêler deux chèvres, l'une avec une voix forte, l'autre avec une voix faible. Les incrédules affirment que ce sont les cris des oiseaux de mer, qui ressemblent tantôt à des bêlements, et tantôt à des plaintes humaines ; mais les pêcheurs attardés jurent avoir rencontré, rôdant sur les dunes, entre deux marées, autour de la petite ville jetée ainsi loin du 175 monde, un vieux berger, dont on ne voit jamais la tête couverte de son manteau, et qui conduit, en marchant devant eux, un bouc à figure d'homme et une chèvre à figure de femme, tous deux avec de longs cheveux blancs et parlant sans cesse, se querellant dans une langue inconnue, puis cessant soudain de crier pour bêler de toute leur force.

180 Je dis au moine : « Y croyez-vous ? »

Il murmura : « Je ne sais pas. »

Je repris : « S'il existait sur la terre d'autres êtres que nous, comment ne les connaîtrions-nous point depuis longtemps ; comment ne les auriez-vous pas vus, vous ; comment ne les aurais-je pas vus, moi ? »

185 Il répondit : « Est-ce que nous voyons la cent millième partie de ce qui existe ? Tenez, voici le vent, qui est la plus grande force de la nature, qui renverse les hommes, abat les édifices, déracine les arbres,

1. Clochetons : ornements en forme de petits clochers pyramidaux.
2. Chimères : monstres fabuleux de la mythologie antique dotés de la tête et du poitrail d'un lion, d'un ventre de chèvre et d'une queue de dragon ; ils crachent des flammes.

soulève la mer en montagnes d'eau, détruit les falaises, et jette aux brisants[1] les grands navires, le vent qui tue, qui siffle, qui gémit, qui mugit, — l'avez-vous vu, et pouvez-vous le voir ? Il existe, pourtant. »

Je me tus devant ce simple raisonnement. Cet homme était un sage ou peut-être un sot. Je ne l'aurais pu affirmer au juste ; mais je me tus. Ce qu'il disait là, je l'avais pensé souvent.

3 juillet. — J'ai mal dormi ; certes, il y a ici une influence fiévreuse, car mon cocher souffre du même mal que moi. En rentrant hier, j'avais remarqué sa pâleur singulière. Je lui demandai :

— Qu'est-ce que vous avez, Jean ?

— J'ai que je ne peux plus me reposer, Monsieur, ce sont mes nuits qui mangent mes jours. Depuis le départ de Monsieur, cela me tient comme un sort.

Les autres domestiques vont bien cependant, mais j'ai grand peur d'être repris, moi.

4 juillet. — Décidément, je suis repris. Mes cauchemars anciens reviennent. Cette nuit, j'ai senti quelqu'un accroupi sur moi, et qui, sa bouche sur la mienne, buvait ma vie entre mes lèvres. Oui, il la puisait dans ma gorge, comme aurait fait une sangsue. Puis il s'est levé, repu, et moi je me suis réveillé, tellement meurtri, brisé, anéanti, que je ne pouvais plus remuer. Si cela continue encore quelques jours, je repartirai certainement.

5 juillet. — Ai-je perdu la raison ? Ce qui s'est passé, ce que j'ai vu la nuit dernière est tellement étrange, que ma tête s'égare quand j'y songe !

Comme je le fais maintenant chaque soir, j'avais fermé ma porte à clef ; puis, ayant soif, je bus un demi-verre d'eau, et je remarquai par hasard que ma carafe était pleine jusqu'au bouchon de cristal.

Je me couchai ensuite et je tombai dans un de mes sommeils épouvantables, dont je fus tiré au bout de deux heures environ par une secousse plus affreuse encore.

Figurez-vous un homme qui dort, qu'on assassine, et qui se réveille avec un couteau dans le poumon, et qui râle, couvert de sang, et qui ne peut plus respirer, et qui va mourir, et qui ne comprend pas — voilà.

1. Brisants : écueils à fleur d'eau sur lesquels la mer se brise et écume.

Elle était vide ! Elle était vide complètement !
D'abord, je n'y compris rien ; [...]

Lignes 224 et 225.

Ayant enfin reconquis ma raison, j'eus soif de nouveau ; j'allumai une bougie et j'allai vers la table où était posée ma carafe. Je la soulevai en la penchant sur mon verre ; rien ne coula. — Elle était vide ! Elle était vide complètement ! D'abord, je n'y compris rien ; puis, tout à coup, je ressentis une émotion si terrible, que je dus m'asseoir, ou plutôt, que je tombai sur une chaise ! puis, je me redressai d'un saut pour regarder autour de moi ! puis je me rassis, éperdu d'étonnement et de peur, devant le cristal transparent ! Je le contemplais avec des yeux fixes, cherchant à deviner. Mes mains tremblaient ! On avait donc bu cette eau ? Qui ? Moi ? moi, sans doute ? Ce ne pouvait être que moi ? Alors, j'étais somnambule, je vivais, sans le savoir, de cette double vie mystérieuse qui fait douter s'il y a deux êtres en nous, ou si un être étranger, inconnaissable et invisible, anime, par moments, quand notre âme est engourdie, notre corps captif qui obéit à cet autre, comme à nous-mêmes, plus qu'à nous-mêmes.

Ah ! qui comprendra mon angoisse abominable ? Qui comprendra l'émotion d'un homme, sain d'esprit, bien éveillé, plein de raison et qui regarde épouvanté, à travers le verre d'une carafe, un peu d'eau disparue pendant qu'il a dormi ! Et je restai là jusqu'au jour, sans oser regagner mon lit.

6 juillet. — Je deviens fou. On a encore bu toute ma carafe cette nuit ; — ou plutôt, je l'ai bue !

Mais, est-ce moi ? Est-ce moi ? Qui serait-ce ? Qui ? Oh ! mon Dieu ! Je deviens fou ? Qui me sauvera ?

10 juillet. — Je viens de faire des épreuves surprenantes.

Décidément, je suis fou ! Et pourtant !

Le 6 juillet, avant de me coucher, j'ai placé sur ma table du vin, du lait, de l'eau, du pain et des fraises.

On a bu — j'ai bu — toute l'eau, et un peu de lait. On n'a touché ni au vin, ni au pain, ni aux fraises.

Le 7 juillet, j'ai renouvelé la même épreuve, qui a donné le même résultat.

Le 8 juillet, j'ai supprimé l'eau et le lait. On n'a touché à rien.

Le 9 juillet enfin, j'ai remis sur ma table l'eau et le lait seulement, en ayant soin d'envelopper les carafes en des linges de mousseline

blanche et de ficeler les bouchons. Puis, j'ai frotté mes lèvres, ma
barbe, mes mains avec de la mine de plomb, et je me suis couché.

260 L'invincible sommeil m'a saisi, suivi bientôt de l'atroce réveil. Je
n'avais point remué; mes draps eux-mêmes ne portaient pas de taches.
Je m'élançai vers ma table. Les linges enfermant les bouteilles étaient
demeurés immaculés. Je déliai les cordons, en palpitant de crainte. On
avait bu toute l'eau! on avait bu tout le lait! Ah! mon Dieu!…

265 Je vais partir tout à l'heure pour Paris.

 12 juillet. — Paris. J'avais donc perdu la tête les jours derniers! J'ai
dû être le jouet de mon imagination énervée, à moins que je ne sois
vraiment somnambule, ou que j'aie subi une de ces influences consta-
tées, mais inexplicables jusqu'ici, qu'on appelle suggestions. En tout
270 cas, mon affolement touchait à la démence, et vingt-quatre heures de
Paris ont suffi pour me remettre d'aplomb.

 Hier, après des courses et des visites, qui m'ont fait passer dans
l'âme de l'air nouveau et vivifiant, j'ai fini ma soirée au Théâtre-
Français. On y jouait une pièce d'Alexandre Dumas fils[1]; et cet esprit
275 alerte et puissant a achevé de me guérir. Certes, la solitude est dange-
reuse pour les intelligences qui travaillent. Il nous faut, autour de
nous, des hommes qui pensent et qui parlent. Quand nous sommes
seuls longtemps, nous peuplons le vide de fantômes.

 Je suis rentré à l'hôtel très gai, par les boulevards. Au coudoiement
280 de la foule, je songeais, non sans ironie, à mes terreurs, à mes suppo-
sitions de l'autre semaine, car j'ai cru, oui, j'ai cru qu'un être invisible
habitait sous mon toit. Comme notre tête est faible et s'effare, et
s'égare vite, dès qu'un petit fait incompréhensible nous frappe!

 Au lieu de conclure par ces simples mots: «Je ne comprends pas
285 parce que la cause m'échappe», nous imaginons aussitôt des mystères
effrayants et des puissances surnaturelles.

 14 juillet. — Fête de la République[2]. Je me suis promené par les
rues. Les pétards et les drapeaux m'amusaient comme un enfant. C'est
pourtant fort bête d'être joyeux, à date fixe, par décret du gouverne-
290 ment. Le peuple est un troupeau imbécile, tantôt stupidement patient

1. Alexandre Dumas, dit Dumas fils (1824-1895), est un dramaturge français auteur de *La Dame
 aux camélias*.
2. Fête nationale des Français depuis 1880.

et tantôt férocement révolté. On lui dit : « Amuse-toi. » Il s'amuse.
On lui dit : « Va te battre avec le voisin. » Il va se battre. On lui dit :
« Vote pour l'Empereur. » Il vote pour l'Empereur. Puis, on lui dit : « Vote
pour la République. » Et il vote pour la République.

295 Ceux qui le dirigent sont aussi sots ; mais au lieu d'obéir à des
hommes, ils obéissent à des principes, lesquels ne peuvent être que
niais, stériles et faux, par cela même qu'ils sont des principes, c'est-
à-dire des idées réputées certaines et immuables, en ce monde où
l'on n'est sûr de rien, puisque la lumière est une illusion, puisque le
300 bruit est une illusion.

 16 juillet. — J'ai vu hier des choses qui m'ont beaucoup troublé.

 Je dînais chez ma cousine, M^me Sablé, dont le mari commande le
76^e chasseurs[1] à Limoges[2]. Je me trouvais chez elle avec deux jeunes
femmes, dont l'une a épousé un médecin, le docteur Parent, qui s'oc-
305 cupe beaucoup des maladies nerveuses et des manifestations extra-
ordinaires auxquelles donnent lieu en ce moment les expériences sur
l'hypnotisme et la suggestion.

 Il nous raconta longuement les résultats prodigieux obtenus par
les savants anglais et par les médecins de l'école de Nancy[3].

310 Les faits qu'il avança me parurent tellement bizarres, que je me
déclarai tout à fait incrédule.

 « Nous sommes, affirmait-il, sur le point de découvrir un des plus
importants secrets de la nature, je veux dire, un de ses plus importants
secrets sur cette terre ; car elle en a certes d'autrement importants, là-
315 bas, dans les étoiles. Depuis que l'homme pense, depuis qu'il sait dire
et écrire sa pensée, il se sent frôlé par un mystère impénétrable pour
ses sens grossiers et imparfaits, et il tâche de suppléer, par l'effort de
son intelligence, à l'impuissance de ses organes. Quand cette intelli-
gence demeurait encore à l'état rudimentaire, cette hantise des phé-
320 nomènes invisibles a pris des formes banalement effrayantes. De là
sont nées les croyances populaires au surnaturel, les légendes des

1. 76^e chasseurs : régiment de chasseurs qui est un corps d'infanterie.
2. Limoges : capitale du Limousin située au centre de la France.
3. École de Nancy : elle fut fondée en 1866 ; le D^r Bernheim (1837-1919) y réalisa des travaux sur
 l'hypnotisme et la suggestion.

Au bout de dix minutes, elle dormait.

Ligne 340.

esprits rôdeurs, des fées, des gnomes[1], des revenants, je dirai même la légende de Dieu[2], car nos conceptions de l'ouvrier-créateur, de quelque religion qu'elles nous viennent, sont bien les inventions les
325 plus médiocres, les plus stupides, les plus inacceptables sorties du cerveau apeuré des créatures. Rien de plus vrai que cette parole de Voltaire[3] : «Dieu a fait l'homme à son image, mais l'homme le lui a bien rendu.»

«Mais, depuis un peu plus d'un siècle, on semble pressentir
330 quelque chose de nouveau. Mesmer[4] et quelques autres nous ont mis sur une voie inattendue, et nous sommes arrivés vraiment, depuis quatre ou cinq ans surtout, à des résultats surprenants.»

Ma cousine, très incrédule aussi, souriait. Le docteur Parent lui dit :

— Voulez-vous que j'essaie de vous endormir, Madame ?
335 — Oui, je veux bien.

Elle s'assit dans un fauteuil et il commença à la regarder fixement en la fascinant. Moi, je me sentis soudain un peu troublé, le cœur battant, la gorge serrée. Je voyais les yeux de M^me Sablé s'alourdir, sa bouche se crisper, sa poitrine haleter.
340 Au bout de dix minutes, elle dormait.

— Mettez-vous derrière elle, dit le médecin.

Et je m'assis derrière elle. Il lui plaça entre les mains une carte de visite en lui disant : «Ceci est un miroir ; que voyez-vous dedans ?»

Elle répondit :
345 — Je vois mon cousin.

— Que fait-il ?

— Il se tord la moustache.

— Et maintenant ?

— Il tire de sa poche une photographie.
350 — Quelle est cette photographie ?

— La sienne.

1. Gnomes : petits génies laids et difformes supposés habiter dans la terre dont ils gardent les trésors.
2. Maupassant se disait athée.
3. Voltaire (1694-1778) : écrivain et philosophe français.
4. Mesmer (1734-1815) : médecin allemand qui connut, quelque temps, un grand succès à Paris avec sa théorie du magnétisme animal, comparable au fluide de l'aimant, avec lequel il prétendait guérir.

C'était vrai ! Et cette photographie venait de m'être livrée, le soir même, à l'hôtel.

— Comment est-il sur ce portrait ?

355 — Il se tient debout avec son chapeau à la main.

Donc elle voyait dans cette carte, dans ce carton blanc, comme elle eût vu dans une glace.

Les jeunes femmes, épouvantées, disaient : « Assez ! Assez ! Assez ! »

Mais le docteur ordonna : « Vous vous lèverez demain à huit 360 heures ; puis vous irez trouver à son hôtel votre cousin, et vous le supplierez de vous prêter cinq mille francs que votre mari vous demande et qu'il vous réclamera à son prochain voyage. »

Puis il la réveilla.

En rentrant à l'hôtel, je songeais à cette curieuse séance et des doutes 365 m'assaillirent, non point sur l'absolue, sur l'insoupçonnable bonne foi de ma cousine, que je connaissais comme une sœur, depuis l'enfance, mais sur une supercherie possible du docteur. Ne dissimulait-il pas dans sa main une glace qu'il montrait à la jeune femme endormie, en même temps que sa carte de visite ? Les prestidigitateurs de profession 370 font des choses autrement singulières.

Je rentrai donc et je me couchai.

Or, ce matin, vers huit heures et demie, je fus réveillé par mon valet de chambre qui me dit :

— C'est M^me Sablé qui demande à parler à Monsieur tout de suite.

375 Je m'habillai à la hâte et je la reçus.

Elle s'assit fort troublée, les yeux baissés, et, sans lever son voile, elle me dit :

— Mon cher cousin, j'ai un gros service à vous demander.

— Lequel, ma cousine ?

380 — Cela me gêne beaucoup de vous le dire, et pourtant, il le faut. J'ai besoin, absolument besoin, de cinq mille francs.

— Allons donc, vous ?

— Oui, moi, ou plutôt mon mari, qui me charge de les trouver.

J'étais tellement stupéfait, que je balbutiais mes réponses. Je me 385 demandais si vraiment elle ne s'était pas moquée de moi avec le docteur Parent, si ce n'était pas là une simple farce préparée d'avance et fort bien jouée.

Mais, en la regardant avec attention, tous mes doutes se dissipè-
rent. Elle tremblait d'angoisse, tant cette démarche lui était doulou-
390 reuse, et je compris qu'elle avait la gorge pleine de sanglots.

Je la savais fort riche et je repris :

— Comment ! votre mari n'a pas cinq mille francs à sa disposition !
Voyons, réfléchissez. Êtes-vous sûre qu'il vous a chargée de me les
demander ?

395 Elle hésita quelques secondes comme si elle eût fait un grand effort
pour chercher dans son souvenir, puis elle répondit :

— Oui…, oui…, j'en suis sûre.

— Il vous a écrit ?

Elle hésita encore, réfléchissant. Je devinai le travail torturant de sa
400 pensée. Elle ne savait pas. Elle savait seulement qu'elle devait m'em-
prunter cinq mille francs pour son mari. Donc elle osa mentir.

— Oui, il m'a écrit.

— Quand donc ? Vous ne m'avez parlé de rien, hier.

— J'ai reçu sa lettre ce matin.

405 — Pouvez-vous me la montrer ?

— Non… non… non… elle contenait des choses intimes… trop
personnelles… je l'ai… je l'ai brûlée.

— Alors, c'est que votre mari fait des dettes.

Elle hésita encore, puis murmura :

410 — Je ne sais pas.

Je déclarai brusquement :

— C'est que je ne puis disposer de cinq mille francs en ce moment,
ma chère cousine.

Elle poussa une sorte de cri de souffrance.

415 — Oh ! oh ! je vous en prie, je vous en prie, trouvez-les…

Elle s'exaltait, joignait les mains comme si elle m'eût prié ! J'en-
tendais sa voix changer de ton ; elle pleurait et bégayait, harcelée,
dominée par l'ordre irrésistible qu'elle avait reçu.

— Oh ! oh ! je vous en supplie… si vous saviez comme je souffre…
420 il me les faut aujourd'hui.

J'eus pitié d'elle.

— Vous les aurez tantôt, je vous le jure.

Elle s'écria :

— Oh ! merci ! merci ! Que vous êtes bon.

425 Je repris :

— Vous rappelez-vous ce qui s'est passé hier soir chez vous ?

— Oui.

— Vous rappelez-vous que le docteur Parent vous a endormie ?

— Oui.

430 — Eh ! bien, il vous a ordonné de venir m'emprunter ce matin cinq mille francs, et vous obéissez en ce moment à cette suggestion.

Elle réfléchit quelques secondes et répondit :

— Puisque c'est mon mari qui les demande.

Pendant une heure, j'essayai de la convaincre, mais je n'y pus 435 parvenir.

Quand elle fut partie, je courus chez le docteur. Il allait sortir ; et il m'écouta en souriant. Puis il dit :

— Croyez-vous maintenant ?

— Oui, il le faut bien.

440 — Allons chez votre parente.

Elle sommeillait déjà sur une chaise longue, accablée de fatigue. Le médecin lui prit le pouls, la regarda quelque temps, une main levée vers ses yeux qu'elle ferma peu à peu sous l'effort insoutenable de cette puissance magnétique.

445 Quand elle fut endormie :

— Votre mari n'a plus besoin de cinq mille francs ! Vous allez donc oublier que vous avez prié votre cousin de vous les prêter, et, s'il vous parle de cela, vous ne comprendrez pas.

Puis il la réveilla. Je tirai de ma poche un portefeuille :

450 — Voici, ma chère cousine, ce que vous m'avez demandé ce matin.

Elle fut tellement surprise que je n'osai pas insister. J'essayai cependant de ranimer sa mémoire, mais elle nia avec force, crut que je me moquais d'elle, et faillit, à la fin, se fâcher.

* * *

Voilà ! je viens de rentrer ; et je n'ai pu déjeuner, tant cette expérience m'a bouleversé.

19 juillet. — Beaucoup de personnes à qui j'ai raconté cette aventure se sont moquées de moi. Je ne sais plus que penser. Le sage dit : Peut-être ?

21 juillet. — J'ai été dîner* à Bougival [1], puis j'ai passé la soirée au bal des canotiers [2]. Décidément, tout dépend des lieux et des milieux. Croire au surnaturel dans l'île de la Grenouillère [3], serait le comble de la folie… mais au sommet du mont Saint-Michel* ?… mais dans les Indes ? Nous subissons effroyablement l'influence de ce qui nous entoure. Je rentrerai chez moi la semaine prochaine.

30 juillet. — Je suis revenu dans ma maison depuis hier. Tout va bien.

2 août. — Rien de nouveau ; il fait un temps superbe. Je passe mes journées à regarder couler la Seine.

4 août. — Querelles parmi mes domestiques. Ils prétendent qu'on casse les verres, la nuit, dans les armoires. Le valet de chambre accuse la cuisinière, qui accuse la lingère, qui accuse les deux autres. Quel est le coupable ? Bien fin qui le dirait ?

6 août. — Cette fois, je ne suis pas fou. J'ai vu… j'ai vu… j'ai vu !… Je ne puis plus douter… j'ai vu !… J'ai encore froid jusque dans les ongles… j'ai encore peur jusque dans les moelles… j'ai vu !…

Je me promenais à deux heures, en plein soleil, dans mon parterre de rosiers… dans l'allée des rosiers d'automne qui commencent à fleurir.

Comme je m'arrêtais à regarder un *géant des batailles* [4], qui portait trois fleurs magnifiques, je vis, je vis distinctement, tout près de moi, la tige d'une de ces roses se plier, comme si une main invisible l'eût tordue, puis se casser comme si cette main l'eût cueillie ! Puis la fleur s'éleva, suivant la courbe qu'aurait décrite un bras en la portant vers

1. Bougival : lieu de villégiature situé à 18 km à l'ouest de Paris sur la rive gauche de la Seine ; il a été fréquenté par Maupassant et par les peintres impressionnistes.

2. Canotiers : ceux qui s'adonnaient au canotage, sport en vogue à l'époque.

3. La Grenouillère : en face de Chatou, café flottant où affluaient les canotiers. Chatou est située sur la rive droite de la Seine en face de Bougival.

4. *Géant des batailles* : variété de rosiers.

Puis la fleur s'éleva, suivant la courbe qu'aurait décrite un bras en la portant vers une bouche, et elle resta suspendue dans l'air transparent, toute seule, immobile, effrayante tache rouge à trois pas de mes yeux.

Éperdu, je me jetai sur elle pour la saisir !

Lignes 482 à 486.

une bouche, et elle resta suspendue dans l'air transparent, toute seule, immobile, effrayante tache rouge à trois pas de mes yeux.

Éperdu, je me jetai sur elle pour la saisir! Je ne trouvai rien; elle avait disparu. Alors je fus pris d'une colère furieuse contre moi-même; car il n'est pas permis à un homme raisonnable et sérieux d'avoir de pareilles hallucinations.

Mais était-ce bien une hallucination? Je me retournai pour chercher la tige, et je la retrouvai immédiatement sur l'arbuste, fraîchement brisée, entre les deux autres roses demeurées à la branche.

Alors, je rentrai chez moi l'âme bouleversée; car je suis certain, maintenant, certain comme de l'alternance des jours et des nuits, qu'il existe près de moi un être invisible, qui se nourrit de lait et d'eau, qui peut toucher aux choses, les prendre et les changer de place, doué par conséquent d'une nature matérielle, bien qu'imperceptible pour nos sens, et qui habite comme moi, sous mon toit…

7 août. — J'ai dormi tranquille. Il a bu l'eau de ma carafe, mais n'a point troublé mon sommeil.

Je me demande si je suis fou. En me promenant tantôt au grand soleil, le long de la rivière, des doutes me sont venus sur ma raison, non point des doutes vagues comme j'en avais jusqu'ici, mais des doutes précis, absolus. J'ai vu des fous; j'en ai connu qui restaient intelligents, lucides, clairvoyants même sur toutes les choses de la vie, sauf sur un point. Ils parlaient de tout avec clarté, avec souplesse, avec profondeur, et soudain leur pensée touchant l'écueil de leur folie, s'y déchirait en pièces, s'éparpillait et sombrait dans cet océan effrayant et furieux, plein de vagues bondissantes, de brouillards, de bourrasques, qu'on nomme « la démence ».

Certes, je me croirais fou, absolument fou, si je n'en étais conscient, si je ne connaissais parfaitement mon état, si je ne le sondais en l'analysant avec une complète lucidité. Je ne serais donc, en somme, qu'un halluciné raisonnant. Un trouble inconnu se serait produit dans mon cerveau, un de ces troubles qu'essayent de noter et de préciser aujourd'hui les physiologistes[1]; et ce trouble aurait déterminé dans

1. Physiologistes: spécialistes de la physiologie, science qui étudie les fonctions des organes et qui, au XIXe siècle, attribue des causes physiologiques à des problèmes psychologiques.

mon esprit, dans l'ordre et la logique de mes idées, une crevasse profonde. Des phénomènes semblables ont lieu dans le rêve qui nous promène à travers les fantasmagories[1] les plus invraisemblables, sans
520 que nous en soyons surpris, parce que l'appareil vérificateur, parce que le sens du contrôle est endormi; tandis que la faculté imaginative veille et travaille. Ne se peut-il pas qu'une des imperceptibles touches du clavier cérébral se trouve paralysée chez moi? Des hommes, à la suite d'accidents, perdent la mémoire des noms propres ou des verbes
525 ou des chiffres, ou seulement des dates. Les localisations de toutes les parcelles de la pensée sont aujourd'hui prouvées. Or, quoi d'étonnant à ce que ma faculté de contrôler l'irréalité de certaines hallucinations, se trouve engourdie chez moi en ce moment!

Je songeais à tout cela en suivant le bord de l'eau. Le soleil couvrait
530 de clarté la rivière, faisait la terre délicieuse, emplissait mon regard d'amour pour la vie, pour les hirondelles, dont l'agilité est une joie de mes yeux, pour les herbes de la rive, dont le frémissement est un bonheur de mes oreilles.

Peu à peu, cependant, un malaise inexplicable me pénétrait. Une
535 force, me semblait-il, une force occulte m'engourdissait, m'arrêtait, m'empêchait d'aller plus loin, me rappelait en arrière. J'éprouvais ce besoin douloureux de rentrer qui vous oppresse, quand on a laissé au logis un malade aimé, et que le pressentiment vous saisit d'une aggravation de son mal.

540 Donc, je revins malgré moi, sûr que j'allais trouver, dans ma maison, une mauvaise nouvelle, une lettre ou une dépêche. Il n'y avait rien; et je demeurai plus surpris et plus inquiet que si j'avais eu de nouveau quelque vision fantastique.

8 août. — J'ai passé hier une affreuse soirée. Il ne se manifeste
545 plus, mais je le sens près de moi, m'épiant, me regardant, me pénétrant, me dominant et plus redoutable, en se cachant ainsi, que s'il signalait par des phénomènes surnaturels sa présence invisible et constante.

J'ai dormi, pourtant.

550 *9 août.* — Rien; mais j'ai peur.

1. Fantasmagories: spectacles fantastiques.

10 août. — Rien ; qu'arrivera-t-il demain ?

11 août. — Toujours rien ; je ne puis plus rester chez moi avec cette crainte et cette pensée entrées en mon âme ; je vais partir.

12 août, 10 heures du soir. — Tout le jour j'ai voulu m'en aller ; je
555 n'ai pas pu. J'ai voulu accomplir cet acte de liberté si facile, si simple, — sortir — monter dans ma voiture pour gagner Rouen — je n'ai pas pu. Pourquoi ?

13 août. — Quand on est atteint par certaines maladies, tous les ressorts de l'être physique semblent brisés, toutes les énergies anéan-
560 ties, tous les muscles relâchés, les os devenus mous comme la chair et la chair liquide comme de l'eau. J'éprouve cela dans mon être moral d'une façon étrange et désolante. Je n'ai plus aucune force, aucun courage, aucune domination sur moi, aucun pouvoir même de mettre en mouvement ma volonté. Je ne peux plus vouloir ; mais
565 quelqu'un veut pour moi ; et j'obéis.

14 août. — Je suis perdu ! Quelqu'un possède mon âme et la gou-verne ! quelqu'un ordonne tous mes actes, tous mes mouvements, toutes mes pensées. Je ne suis plus rien en moi, rien qu'un spectateur esclave et terrifié de toutes les choses que j'accomplis. Je désire sortir.
570 Je ne peux pas. Il ne veut pas ; et je reste, éperdu, tremblant, dans le fauteuil où il me tient assis. Je désire seulement me lever, me soulever, afin de me croire encore maître de moi. Je ne peux pas ! Je suis rivé à mon siège ; et mon siège adhère au sol, de telle sorte qu'aucune force ne nous soulèverait.

575 Puis, tout d'un coup, il faut, il faut, il faut que j'aille au fond de mon jardin cueillir des fraises et les manger. Et j'y vais. Je cueille des fraises et je les mange ! Oh ! mon Dieu ! Mon Dieu ! Mon Dieu ! Est-il un Dieu ? S'il en est un, délivrez-moi, sauvez-moi ! secourez-moi ! Pardon ! Pitié ! Grâce ! Sauvez-moi ! Oh ! quelle souffrance ! quelle tor-
580 ture ! quelle horreur !

15 août. — Certes, voilà comment était possédée et dominée ma pauvre cousine, quand elle est venue m'emprunter cinq mille francs. Elle subissait un vouloir étranger entré en elle, comme une autre âme, comme une autre âme parasite et dominatrice. Est-ce que le monde
585 va finir ?

Mais celui qui me gouverne, quel est-il, cet invisible ? cet inconnaissable, ce rôdeur d'une race surnaturelle ?

Donc les Invisibles existent ! Alors, comment depuis l'origine du monde ne se sont-ils pas encore manifestés d'une façon précise
590 comme ils le font pour moi ? Je n'ai jamais rien lu qui ressemble à ce qui s'est passé dans ma demeure. Oh ! si je pouvais la quitter, si je pouvais m'en aller, fuir et ne pas revenir. Je serais sauvé, mais je ne peux pas.

16 août. — J'ai pu m'échapper aujourd'hui pendant deux heures,
595 comme un prisonnier qui trouve ouverte, par hasard, la porte de son cachot. J'ai senti que j'étais libre tout à coup et qu'il était loin. J'ai ordonné d'atteler bien vite et j'ai gagné Rouen. Oh ! quelle joie de pouvoir dire à un homme qui obéit : « Allez à Rouen ! »

Je me suis fait arrêter devant la bibliothèque et j'ai prié qu'on me
600 prêtât le grand traité du docteur Hermann Herestauss [1] sur les habitants inconnus du monde antique et moderne.

Puis, au moment de remonter dans mon coupé [2], j'ai voulu dire : « À la gare ! » et j'ai crié, — je n'ai pas dit, j'ai crié — d'une voix si forte que les passants se sont retournés : « À la maison », et je suis tombé,
605 affolé d'angoisse, sur le coussin de ma voiture. Il m'avait retrouvé et repris.

17 août. — Ah ! Quelle nuit ! quelle nuit ! Et pourtant il me semble que je devrais me réjouir. Jusqu'à une heure du matin, j'ai lu ! Hermann Herestauss, docteur en philosophie et en théogonie [3], a écrit
610 l'histoire et les manifestations de tous les êtres invisibles rôdant autour de l'homme ou rêvés par lui. Il décrit leurs origines, leur domaine, leur puissance. Mais aucun d'eux ne ressemble à celui qui me hante. On dirait que l'homme, depuis qu'il pense, a pressenti et redouté un être nouveau, plus fort que lui, son successeur en ce
615 monde, et que, le sentant proche et ne pouvant prévoir la nature de ce maître, il a créé, dans sa terreur, tout le peuple fantastique des êtres occultes, fantômes vagues nés de la peur.

1. Hermann Herestauss : nom fictif inventé par Maupassant. En allemand, *herr* signifie « monsieur » et *aus,* « hors de ».
2. Coupé : voiture fermée, généralement à deux places.
3. Théogonie : système qui explique la naissance des dieux et présente leur généalogie.

Donc, ayant lu jusqu'à une heure du matin, j'ai été m'asseoir ensuite auprès de ma fenêtre ouverte pour rafraîchir mon front et ma
620 pensée au vent calme de l'obscurité.

Il faisait bon, il faisait tiède ! Comme j'aurais aimé cette nuit-là autrefois !

Pas de lune. Les étoiles avaient au fond du ciel noir des scintillements frémissants. Qui habite ces mondes ? Quelles formes, quels
625 vivants, quels animaux, quelles plantes sont là-bas ? Ceux qui pensent dans ces univers lointains, que savent-ils plus que nous ? Que peuvent-ils plus que nous ? Que voient-ils que nous ne connaissons point ? Un d'eux, un jour ou l'autre, traversant l'espace, n'apparaîtra-t-il pas sur notre terre pour la conquérir, comme les Normands jadis traver-
630 saient la mer pour asservir des peuples plus faibles.

Nous sommes si infirmes, si désarmés, si ignorants, si petits, nous autres, sur ce grain de boue qui tourne délayé dans une goutte d'eau.

Je m'assoupis en rêvant ainsi au vent frais du soir.

Or, ayant dormi environ quarante minutes, je rouvris les yeux
635 sans faire un mouvement, réveillé par je ne sais quelle émotion confuse et bizarre. Je ne vis rien d'abord, puis, tout à coup, il me sembla qu'une page du livre resté ouvert sur ma table venait de tourner toute seule. Aucun souffle d'air n'était entré par ma fenêtre. Je fus surpris et j'attendis. Au bout de quatre minutes environ, je vis, je vis,
640 oui, je vis de mes yeux une autre page se soulever et se rabattre sur la précédente, comme si un doigt l'eût feuilletée. Mon fauteuil était vide, semblait vide ; mais je compris qu'il était là, lui, assis à ma place, et qu'il lisait. D'un bond furieux, d'un bond de bête révoltée, qui va éventrer son dompteur, je traversai ma chambre pour le saisir, pour
645 l'étreindre, pour le tuer !... Mais mon siège, avant que je l'eusse atteint, se renversa comme si on eût fui devant moi... ma table oscilla, ma lampe tomba et s'éteignit, et ma fenêtre se ferma comme si un malfaiteur surpris se fût élancé dans la nuit, en prenant à pleines mains les battants.

650 Donc, il s'était sauvé ; il avait eu peur, peur de moi, lui !

Alors,... alors... demain... ou après,... ou un jour quelconque,... je pourrai donc le tenir sous mes poings, et l'écraser contre le sol !

Mais mon siège, avant que je l'eusse atteint,
se renversa comme si on eût fui devant moi…
ma table oscilla, ma lampe tomba et s'éteignit, […]

Lignes 645 à 647.

Est-ce que les chiens, quelquefois, ne mordent point et n'étranglent pas leurs maîtres ?

655 *18 août.* — J'ai songé toute la journée. Oh ! oui, je vais lui obéir, suivre ses impulsions, accomplir toutes ses volontés, me faire humble, soumis, lâche. Il est le plus fort. Mais une heure viendra…

19 août. — Je sais… je sais… je sais tout ! Je viens de lire ceci dans la *Revue du Monde Scientifique* : « Une nouvelle assez curieuse nous 660 arrive de Rio de Janeiro [1]. Une folie, une épidémie de folie, comparable aux démences contagieuses qui atteignirent les peuples d'Europe au Moyen Âge, sévit en ce moment dans la province de San-Paulo. Les habitants éperdus quittent leurs maisons, désertent leurs villages, abandonnent leurs cultures, se disant poursuivis, possédés, gouvernés 665 comme un bétail humain par des êtres invisibles bien que tangibles, des sortes de vampires qui se nourrissent de leur vie, pendant leur sommeil, et qui boivent en outre de l'eau et du lait sans paraître toucher à aucun autre aliment.

« M. le professeur Don Pedro Henriquez, accompagné de plusieurs 670 savants médecins, est parti pour la province de San-Paulo, afin d'étudier sur place les origines et les manifestations de cette surprenante folie, et de proposer à l'Empereur [2] les mesures qui lui paraîtront les plus propres à rappeler à la raison ces populations en délire. »

Ah ! Ah ! je me rappelle, je me rappelle le beau trois-mâts brésilien 675 qui passa sous mes fenêtres en remontant la Seine, le 8 mai dernier ! Je le trouvai si joli, si blanc, si gai ! L'Être était dessus, venant de là-bas, où sa race est née ! Et il m'a vu ! Il a vu ma demeure blanche aussi ; et il a sauté du navire sur la rive. Oh ! mon Dieu !

À présent, je sais, je devine. Le règne de l'homme est fini.

680 Il est venu, Celui que redoutaient les premières terreurs des peuples naïfs, Celui qu'exorcisaient les prêtres inquiets, que les sorciers évoquaient par les nuits sombres, sans le voir apparaître encore, à qui les pressentiments des maîtres passagers du monde prêtèrent toutes les formes monstrueuses ou gracieuses des gnomes*, des esprits, des 685 génies, des fées, des farfadets [3]. Après les grossières conceptions de

1. Rio de Janeiro : ville et port du Brésil, sur l'océan Atlantique.
2. Empereur : Pierre II, empereur constitutionnel du Brésil de 1831 à 1889.
3. Farfadets : sortes de lutins, esprits follets, d'une grâce légère et vive.

l'épouvante primitive, des hommes plus perspicaces l'ont pressenti
plus clairement. Mesmer* l'avait deviné, et les médecins, depuis dix ans
déjà, ont découvert, d'une façon précise, la nature de sa puissance
avant qu'il l'eût exercée lui-même. Ils ont joué avec cette arme du
690 Seigneur nouveau, la domination d'un mystérieux vouloir sur l'âme
humaine devenue esclave. Ils ont appelé cela magnétisme [1], hypno-
tisme, suggestion... que sais-je? Je les ai vus s'amuser comme des
enfants imprudents avec cette horrible puissance! Malheur à nous!
Malheur à l'homme! Il est venu le... le... comment se nomme-t-il...
695 le... il me semble qu'il me crie son nom, et je ne l'entends pas... le...
oui... il le crie... J'écoute... je ne peux pas... répète... le... Horla...
J'ai entendu... le Horla... c'est lui... le Horla... il est venu!...

Ah! le vautour a mangé la colombe, le loup a mangé le mouton; le
lion a dévoré le buffle aux cornes aiguës; l'homme a tué le lion avec la
700 flèche, avec le glaive, avec la poudre; mais le Horla va faire de l'homme
ce que nous avons fait du cheval et du bœuf: sa chose, son serviteur et sa
nourriture, par la seule puissance de sa volonté. Malheur à nous!

Pourtant, l'animal, quelquefois, se révolte et tue celui qui l'a
dompté... moi aussi je veux... je pourrai... mais il faut le connaître,
705 le toucher, le voir! Les savants disent que l'œil de la bête, différent du
nôtre, ne distingue point comme le nôtre... Et mon œil à moi ne peut
distinguer le nouveau venu qui m'opprime.

Pourquoi? Oh! je me rappelle à présent les paroles du moine du
mont Saint-Michel*: «Est-ce que nous voyons la cent millième partie
710 de ce qui existe? Tenez, voici le vent qui est la plus grande force de la
nature, qui renverse les hommes, abat les édifices, déracine les
arbres, soulève la mer en montagnes d'eau, détruit les falaises et jette
aux brisants* les grands navires, le vent qui tue, qui siffle, qui gémit,
qui mugit, l'avez-vous vu et pouvez-vous le voir? Il existe pourtant!»
715 Et je songeais encore: mon œil est si faible, si imparfait, qu'il ne
distingue même point les corps durs, s'ils sont transparents comme
le verre!... Qu'une glace sans tain [2] barre mon chemin, il me jette

1. Magnétisme: théorie de Mesmer (voir note 4, p. 81) selon laquelle certains individus seraient
 dotés d'un fluide magnétique.
2. Tain: amalgame d'étain et de mercure qui, appliqué derrière un miroir, lui permet de réfléchir
 la lumière; on ne peut pas se voir dans une glace (un miroir) sans tain.

dessus comme l'oiseau entré dans une chambre se casse la tête aux vitres. Mille choses en outre le trompent et l'égarent. Quoi d'éton-
720 nant, alors, à ce qu'il ne sache point apercevoir un corps nouveau que la lumière traverse?

Un être nouveau! pourquoi pas? Il devait venir assurément! pourquoi serions-nous les derniers? Nous ne le distinguons point, ainsi que tous les autres créés avant nous? C'est que sa nature est plus parfaite,
725 son corps plus fin et plus fini que le nôtre, que le nôtre si faible, si maladroitement conçu, encombré d'organes toujours fatigués, toujours forcés comme des ressorts trop complexes, que le nôtre, qui vit comme une plante et comme une bête, en se nourrissant péniblement d'air, d'herbe et de viande, machine animale en proie aux maladies,
730 aux déformations, aux putréfactions, poussive[1], mal réglée, naïve et bizarre, ingénieusement mal faite, œuvre grossière et délicate, ébauche d'être qui pourrait devenir intelligent et superbe.

Nous sommes quelques-uns, si peu sur ce monde, depuis l'huître jusqu'à l'homme. Pourquoi pas un de plus, une fois accomplie la
735 période qui sépare les apparitions successives de toutes les espèces diverses[2]?

Pourquoi pas un de plus? Pourquoi pas aussi d'autres arbres aux fleurs immenses, éclatantes et parfumant des régions entières? Pourquoi pas d'autres éléments que le feu, l'air, la terre et l'eau? — Ils
740 sont quatre, rien que quatre, ces pères nourriciers des êtres! Quelle pitié! Pourquoi ne sont-ils pas quarante, quatre cents, quatre mille! Comme tout est pauvre, mesquin, misérable! avarement donné, sèchement inventé, lourdement fait! Ah! l'éléphant, l'hippopotame, que de grâce! Le chameau, que d'élégance!

745 Mais, direz-vous, le papillon! une fleur qui vole! J'en rêve un qui serait grand comme cent univers, avec des ailes dont je ne puis même exprimer la forme, la beauté, la couleur et le mouvement. Mais je le vois… il va d'étoile en étoile, les rafraîchissant et les embaumant au souffle harmonieux et léger de sa course!… Et les peuples de là-haut
750 le regardent passer, extasiés et ravis!…

1. Poussive: qui respire difficilement.
2. Référence à Charles Darwin (1809-1882) et à ses théories sur l'évolution des espèces vivantes.

Puis voilà que tout à coup je commençai à m'apercevoir
dans une brume, au fond du miroir, dans une brume
comme à travers une nappe d'eau ; […]

Lignes 779 à 781.

* * *

Qu'ai-je donc ? C'est lui, lui, le Horla, qui me hante, qui me fait penser ces folies ! Il est en moi, il devient mon âme ; je le tuerai !

19 août. — Je le tuerai. Je l'ai vu ! je me suis assis, hier soir, à ma table ; et je fis semblant d'écrire avec une grande attention. Je savais
755 bien qu'il viendrait rôder autour de moi, tout près, si près que je pourrais peut-être le toucher, le saisir ? Et alors !… alors, j'aurais la force des désespérés ; j'aurais mes mains, mes genoux, ma poitrine, mon front, mes dents pour l'étrangler, l'écraser, le mordre, le déchirer.

Et je le guettais avec tous mes organes surexcités.

760 J'avais allumé mes deux lampes et les huit bougies de ma cheminée [1], comme si j'eusse pu, dans cette clarté, le découvrir.

En face de moi, mon lit, un vieux lit de chêne à colonnes ; à droite, ma cheminée ; à gauche, ma porte fermée avec soin, après l'avoir laissée longtemps ouverte, afin de l'attirer ; derrière moi, une très haute
765 armoire à glace, qui me servait chaque jour, pour me raser, pour m'habiller, et où j'avais coutume de me regarder, de la tête aux pieds, chaque fois que je passais devant.

Donc, je faisais semblant d'écrire, pour le tromper, car il m'épiait lui aussi ; et soudain, je sentis, je fus certain qu'il lisait par-dessus mon
770 épaule, qu'il était là, frôlant mon oreille.

Je me dressai, les mains tendues, en me tournant si vite que je faillis tomber. Eh bien ?… on y voyait comme en plein jour, et je ne me vis pas dans ma glace !… Elle était vide, claire, profonde, pleine de lumière ! Mon image n'était pas dedans… et j'étais en face, moi ! Je
775 voyais le grand verre limpide du haut en bas. Et je regardais cela avec des yeux affolés ; et je n'osais plus avancer, je n'osais plus faire un mouvement, sentant bien pourtant qu'il était là, mais qu'il m'échapperait encore, lui dont le corps imperceptible avait dévoré mon reflet.

Comme j'eus peur ! Puis voilà que tout à coup je commençai à
780 m'apercevoir dans une brume, au fond du miroir, dans une brume comme à travers une nappe d'eau ; et il me semblait que cette eau glissait de gauche à droite, lentement, rendant plus précise mon image, de seconde en seconde. C'était comme la fin d'une éclipse. Ce qui me

1. Cheminée : encadrement de l'âtre que l'on nomme souvent erronément « foyer ».

Tout à coup, je compris qu'il s'agitait autour de moi, qu'il avait peur à son tour, qu'il m'ordonnait de lui ouvrir.

Lignes 811 et 812.

cachait ne paraissait point posséder de contours nettement arrêtés,
785 mais une sorte de transparence opaque, s'éclaircissant peu à peu.

Je pus enfin me distinguer complètement, ainsi que je le fais
chaque jour en me regardant.

Je l'avais vu! L'épouvante m'en est restée, qui me fait encore
frissonner.

790 *20 août.* — Le tuer, comment? puisque je ne peux l'atteindre? Le
poison? mais il me verrait le mêler à l'eau; et nos poisons, d'ailleurs,
auraient-ils un effet sur son corps imperceptible? Non… non… sans
aucun doute… Alors?… alors?…

21 août. — J'ai fait venir un serrurier de Rouen, et lui ai com-
795 mandé pour ma chambre des persiennes de fer, comme en ont, à
Paris, certains hôtels particuliers, au rez-de-chaussée, par crainte des
voleurs. Il me fera, en outre, une porte pareille. Je me suis donné pour
un poltron, mais je m'en moque!…

* * *

10 septembre. — Rouen, Hôtel Continental. C'est fait… c'est fait…
800 mais est-il mort? J'ai l'âme bouleversée de ce que j'ai vu.

Hier donc, le serrurier ayant posé ma persienne et ma porte de
fer, j'ai laissé tout ouvert jusqu'à minuit, bien qu'il commençât à
faire froid.

Tout à coup, j'ai senti qu'il était là, et une joie, une joie folle m'a
805 saisi. Je me suis levé lentement, et j'ai marché à droite, à gauche, long-
temps, pour qu'il ne devinât rien; puis j'ai ôté mes bottines et mis
mes savates avec négligence; puis j'ai fermé ma persienne de fer, et
revenant à pas tranquilles vers la porte, j'ai fermé la porte aussi à
double tour. Retournant alors vers la fenêtre, je la fixai par un cadenas,
810 dont je mis la clef dans ma poche.

Tout à coup, je compris qu'il s'agitait autour de moi, qu'il avait
peur à son tour, qu'il m'ordonnait de lui ouvrir. Je faillis céder; je ne
cédai pas, mais m'adossant à la porte, je l'entrebâillai, tout juste assez
pour passer, moi, à reculons; et comme je suis très grand ma tête tou-
815 chait au linteau[1]. J'étais sûr qu'il n'avait pu s'échapper et je l'enfermai,

1. Linteau: pièce horizontale (de bois, de pierre ou de métal) au-dessus d'une porte.

tout seul, tout seul! Quelle joie! Je le tenais! Alors, je descendis, en courant; je pris dans mon salon, sous ma chambre, mes deux lampes et je renversai toute l'huile sur le tapis, sur les meubles, partout; puis j'y mis le feu, et je me sauvai, après avoir bien refermé, à double tour,
820 la grande porte d'entrée.

Et j'allai me cacher au fond de mon jardin, dans un massif[1] de lauriers. Comme ce fut long! comme ce fut long! Tout était noir, muet, immobile; pas un souffle d'air, pas une étoile, des montagnes de nuages qu'on ne voyait point, mais qui pesaient sur mon âme si
825 lourds, si lourds.

Je regardais ma maison, et j'attendais. Comme ce fut long! Je croyais déjà que le feu s'était éteint tout seul, ou qu'il l'avait éteint, Lui, quand une des fenêtres d'en bas creva sous la poussée de l'incendie, et une flamme, une grande flamme rouge et jaune, longue, molle,
830 caressante, monta le long du mur blanc et le baisa jusqu'au toit. Une lueur courut dans les arbres, dans les branches, dans les feuilles, et un frisson, un frisson de peur aussi! Les oiseaux se réveillaient; un chien se mit à hurler; il me sembla que le jour se levait! Deux autres fenêtres éclatèrent aussitôt, et je vis que tout le bas de ma demeure n'était
835 plus qu'un effrayant brasier. Mais un cri, un cri horrible, suraigu, déchirant, un cri de femme passa dans la nuit, et deux mansardes[2] s'ouvrirent! J'avais oublié mes domestiques! Je vis leurs faces affolées, et leurs bras qui s'agitaient!…

Alors, éperdu d'horreur, je me mis à courir vers le village en hur-
840 lant: « Au secours! au secours! au feu! au feu! » Je rencontrai des gens qui s'en venaient déjà et je retournai avec eux, pour voir!

La maison, maintenant, n'était plus qu'un bûcher horrible et magnifique, un bûcher monstrueux, éclairant toute la terre, un bûcher où brûlaient des hommes, et où il brûlait aussi, Lui, Lui, mon
845 prisonnier, l'Être nouveau, le nouveau maître, le Horla!

Soudain le toit tout entier s'engloutit entre les murs, et un volcan de flammes jaillit jusqu'au ciel. Par toutes les fenêtres ouvertes sur la

1. Massif: bosquet.
2. Mansardes: chambres aménagées dans des combles, donc sous le toit, où logeaient souvent les domestiques.

fournaise, je voyais la cuve de feu, et je pensais qu'il était là, dans ce four, mort…

850 — Mort? Peut-être?… Son corps? son corps que le jour traversait n'était-il pas indestructible par les moyens qui tuent les nôtres?

S'il n'était pas mort?… seul peut-être le temps a prise sur l'Être Invisible et Redoutable. Pourquoi ce corps transparent, ce corps inconnaissable, ce corps d'Esprit, s'il devait craindre, lui aussi, les
855 maux, les blessures, les infirmités, la destruction prématurée?

La destruction prématurée? toute l'épouvante humaine vient d'elle! Après l'homme le Horla. — Après celui qui peut mourir tous les jours, à toutes les heures, à toutes les minutes, par tous les accidents, est venu celui qui ne doit mourir qu'à son jour, à son heure, à
860 sa minute, parce qu'il a touché la limite de son existence!

Non… non… sans aucun doute, sans aucun doute… il n'est pas mort… Alors… alors… il va donc falloir que je me tue, moi!…

* * *

Or, une nuit, trois mois après le crime, j'eus un affreux cauchemar.
Il me sembla que je voyais la main, l'horrible main, courir comme un
scorpion ou comme une araignée le long de mes rideaux et de mes murs.

Lignes 187 à 190.

La Main

On faisait cercle autour de M. Bermutier, juge d'instruction, qui donnait son avis sur l'affaire mystérieuse de Saint-Cloud[1]. Depuis un mois, cet inexplicable crime affolait Paris. Personne n'y comprenait rien.

5 M. Bermutier, debout, le dos à la cheminée*, parlait, assemblait les preuves, discutait les diverses opinions, mais ne concluait pas.

Plusieurs femmes s'étaient levées pour s'approcher et demeuraient debout, l'œil fixé sur la bouche rasée du magistrat d'où sortaient les paroles graves. Elles frissonnaient, vibraient, crispées par
10 leur peur curieuse, par l'avide et insatiable besoin d'épouvante qui hante leur âme, les torture comme une faim.

Une d'elles, plus pâle que les autres, prononça pendant un silence :
« C'est affreux. Cela touche au "surnaturel". On ne saura jamais rien. »

Le magistrat se tourna vers elle :
15 « Oui, Madame, il est probable qu'on ne saura jamais rien. Quant au mot "surnaturel" que vous venez d'employer, il n'a rien à faire ici. Nous sommes en présence d'un crime fort habilement conçu, fort habilement exécuté, si bien enveloppé de mystère que nous ne pouvons le dégager des circonstances impénétrables qui l'entourent. Mais
20 j'ai eu, moi, autrefois, à suivre une affaire où vraiment semblait se mêler quelque chose de fantastique. Il a fallu l'abandonner, d'ailleurs, faute de moyens de l'éclaircir. »

Plusieurs femmes prononcèrent en même temps, si vite que leurs voix n'en firent qu'une :
25 « Oh ! dites-nous cela. »

M. Bermutier sourit gravement, comme doit sourire un juge d'instruction. Il reprit :
« N'allez pas croire, au moins, que j'aie pu, même un instant, supposer en cette aventure quelque chose de surhumain. Je ne crois
30 qu'aux causes normales. Mais si, au lieu d'employer le mot "surnaturel" pour exprimer ce que nous ne comprenons pas, nous nous servions simplement du mot "inexplicable", cela vaudrait beaucoup

1. Saint-Cloud : ville dans la banlieue ouest de Paris.

mieux[1]. En tout cas, dans l'affaire que je vais vous dire, ce sont surtout les circonstances environnantes, les circonstances préparatoires qui
35 m'ont ému. Enfin, voici les faits :

J'étais alors juge d'instruction à Ajaccio[2], une petite ville blanche, couchée au bord d'un admirable golfe qu'entourent partout de hautes montagnes.

Ce que j'avais surtout à poursuivre[3] là-bas, c'étaient les affaires de
40 vendetta[4]. Il y en a de superbes, de dramatiques au possible, de féroces, d'héroïques. Nous retrouvons là les plus beaux sujets de vengeance qu'on puisse rêver, les haines séculaires[5], apaisées un moment, jamais éteintes, les ruses abominables, les assassinats devenant des massacres et presque des actions glorieuses. Depuis deux ans,
45 je n'entendais parler que du prix du sang[6], que de ce terrible préjugé corse qui force à venger toute injure sur la personne qui l'a faite, sur ses descendants et ses proches. J'avais vu égorger des vieillards, des enfants, des cousins, j'avais la tête pleine de ces histoires.

Or, j'appris un jour qu'un Anglais venait de louer pour plusieurs
50 années une petite villa au fond du golfe. Il avait amené avec lui un domestique français, pris à Marseille en passant.

Bientôt tout le monde s'occupa de ce personnage singulier, qui vivait seul dans sa demeure, ne sortant que pour chasser et pour pêcher. Il ne parlait à personne, ne venait jamais à la ville, et, chaque matin, s'exer-
55 çait pendant une heure ou deux, à tirer au pistolet et à la carabine.

Des légendes se firent autour de lui. On prétendit que c'était un haut personnage fuyant sa patrie pour des raisons politiques ; puis on affirma qu'il se cachait après avoir commis un crime épouvantable. On citait même des circonstances particulièrement horribles.

60 Je voulus, en ma qualité de juge d'instruction, prendre quelques renseignements sur cet homme ; mais il me fut impossible de rien apprendre. Il se faisait appeler sir John Rowell[7].

1. On trouve la même idée dans *Le Horla*, 12 juillet.
2. Ajaccio : ville sur la côte ouest de la Corse, une île de la Méditerranée qui appartient à la France.
3. Poursuivre : employé dans le sens juridique de « engager des poursuites contre quelqu'un ».
4. Vendetta : vengeance réciproque entre deux familles ennemies, selon la tradition corse.
5. Séculaires : qui existent depuis un ou plusieurs siècles.
6. Prix du sang : la vendetta exige que celui qui a tué soit tué à son tour, donc paye son crime du prix de son sang.
7. Personnage inspiré par un Anglais, M. Powel, dont Maupassant, alors adolescent, avait fait la connaissance à Étretat (voir la section « La vie de Maupassant », p. 125).

Je me contentai donc de le surveiller de près ; mais on ne me signalait, en réalité, rien de suspect à son égard.

65 Cependant, comme les rumeurs sur son compte continuaient, grossissaient, devenaient générales, je résolus d'essayer de voir moi-même cet étranger, et je me mis à chasser régulièrement dans les environs de sa propriété.

J'attendis longtemps une occasion. Elle se présenta enfin sous la
70 forme d'une perdrix que je tirai et que je tuai devant le nez de l'Anglais. Mon chien me la rapporta ; mais, prenant aussitôt le gibier, j'allai m'excuser de mon inconvenance et prier sir John Rowell d'accepter l'oiseau mort.

C'était un grand homme à cheveux rouges, à barbe rouge, très haut,
75 très large, une sorte d'hercule placide et poli. Il n'avait rien de la raideur dite britannique et il me remercia vivement de ma délicatesse en un français accentué d'outre-Manche [1]. Au bout d'un mois, nous avions causé ensemble cinq ou six fois.

Un soir enfin, comme je passais devant sa porte, je l'aperçus qui
80 fumait sa pipe, à cheval sur une chaise, dans son jardin. Je le saluai, et il m'invita à entrer pour boire un verre de bière. Je ne me le fis pas répéter.

Il me reçut avec toute la méticuleuse courtoisie anglaise, parla avec éloge de la France, de la Corse, déclara qu'il aimait beaucoup "cette" pays, et "cette" rivage.

85 Alors, je lui posai, avec de grandes précautions et sous la forme d'un intérêt très vif, quelques questions sur sa vie, sur ses projets. Il répondit sans embarras, me raconta qu'il avait beaucoup voyagé, en Afrique, dans les Indes, en Amérique. Il ajouta en riant :

"J'avé eu bôcoup d'aventures, oh ! yes."

90 Puis je me remis à parler chasse, et il me donna des détails les plus curieux sur la chasse à l'hippopotame, au tigre, à l'éléphant et même la chasse au gorille.

Je dis :

"Tous ces animaux sont redoutables."

95 Il sourit :

"Oh ! nô, le plus mauvais, c'été l'homme."

Il se mit à rire tout à fait, d'un bon rire de gros Anglais content :

"J'avé beaucoup chassé l'homme aussi."

1. Français accentué d'outre-Manche : français parlé avec un accent anglais.

Puis il parla d'armes, et il m'offrit d'entrer chez lui pour me mon-
100 trer des fusils de divers systèmes.

Son salon était tendu de noir [1], de soie noire brodée d'or. De
grandes fleurs jaunes couraient sur l'étoffe sombre, brillaient comme
du feu.

Il annonça :

105 "C'été une drap japonaise."

Mais, au milieu du plus large panneau, une chose étrange me tira
l'œil. Sur un carré de velours rouge, un objet noir se détachait. Je
m'approchai : c'était une main, une main d'homme. Non pas une
main de squelette, blanche et propre, mais une main noire desséchée,
110 avec les ongles jaunes, les muscles à nu et des traces de sang ancien,
de sang pareil à une crasse, sur les os coupés net, comme d'un coup de
hache, vers le milieu de l'avant-bras.

Autour du poignet, une énorme chaîne de fer, rivée, soudée à ce
membre malpropre, l'attachait au mur par un anneau assez fort pour
115 tenir un éléphant en laisse.

Je demandai :

"Qu'est-ce que cela ?"

L'Anglais répondit tranquillement :

"C'été ma meilleur ennemi. Il vené d'Amérique. Il avé été fendu
120 avec le sabre et arraché la peau avec une caillou coupante, et séché
dans le soleil pendant huit jours. Aoh, très bonne pour moi, cette."

Je touchai ce débris humain qui avait dû appartenir à un colosse.
Les doigts, démesurément longs, étaient attachés par des tendons
énormes que retenaient des lanières de peau par places. Cette main
125 était affreuse à voir, écorchée ainsi, elle faisait penser naturellement à
quelque vengeance de sauvage.

Je dis :

"Cet homme devait être très fort."

L'Anglais prononça avec douceur :

130 "Aoh yes ; mais je été plus fort que lui. J'avé mis cette chaîne pour
le tenir."

Je crus qu'il plaisantait. Je dis :

"Cette chaîne maintenant est bien inutile, la main ne se sauvera pas."

1. Tendu de noir : décoré de tissu noir.

Sir John Rowell* reprit gravement :

135 "Elle voulé toujours s'en aller. Cette chaîne été nécessaire."

D'un coup d'œil rapide, j'interrogeai son visage, me demandant :
"Est-ce un fou, ou un mauvais plaisant[1] ?"

Mais la figure demeurait impénétrable, tranquille et bienveil-
lante. Je parlai d'autre chose et j'admirai les fusils.

140 Je remarquai cependant que trois revolvers chargés étaient posés
sur les meubles, comme si cet homme eût vécu dans la crainte
constante d'une attaque.

Je revins plusieurs fois chez lui. Puis je n'y allai plus. On s'était
accoutumé à sa présence ; il était devenu indifférent à tous.

145 Une année entière s'écoula. Or, un matin, vers la fin de novembre,
mon domestique me réveilla en m'annonçant que sir John Rowell
avait été assassiné dans la nuit.

Une demi-heure plus tard, je pénétrais dans la maison de l'Anglais
avec le commissaire central[2] et le capitaine de gendarmerie. Le valet,

150 éperdu et désespéré, pleurait devant la porte. Je soupçonnai d'abord
cet homme, mais il était innocent.

On ne put jamais trouver le coupable.

En entrant dans le salon de sir John, j'aperçus du premier coup
d'œil le cadavre étendu sur le dos, au milieu de la pièce.

155 Le gilet était déchiré, une manche arrachée pendait, tout annon-
çait qu'une lutte terrible avait eu lieu.

L'Anglais était mort étranglé ! Sa figure noire et gonflée, effrayante,
semblait exprimer une épouvante abominable ; il tenait entre ses
dents serrées quelque chose ; et le cou, percé de cinq trous qu'on

160 aurait dit faits avec des pointes de fer, était couvert de sang.

Un médecin nous rejoignit. Il examina longtemps les traces des
doigts dans la chair et prononça ces étranges paroles :

"On dirait qu'il a été étranglé par un squelette."

Un frisson me passa dans le dos, et je jetai les yeux sur le mur, à la

165 place où j'avais vu jadis l'horrible main d'écorché. Elle n'y était plus.
La chaîne, brisée, pendait.

1. Mauvais plaisant : individu qui fait des plaisanteries de mauvais goût.
2. Commissaire central : commissaire de police.

Alors je me baissai vers le mort, et je trouvai dans sa bouche crispée un des doigts de cette main disparue, coupé ou plutôt scié par les dents juste à la deuxième phalange.

170 Puis on procéda aux constatations[1]. On ne découvrit rien. Aucune porte n'avait été forcée, aucune fenêtre, aucun meuble. Les deux chiens de garde ne s'étaient pas réveillés.

Voici, en quelques mots, la déposition du domestique : depuis un mois, son maître semblait agité. Il avait reçu beaucoup de lettres, brû
175 lées à mesure. Souvent, prenant une cravache, dans une colère qui semblait de la démence, il avait frappé avec fureur cette main séchée, scellée au mur et enlevée, on ne sait comment, à l'heure même du crime. Il se couchait fort tard et s'enfermait avec soin. Il avait toujours des armes à portée du bras. Souvent, la nuit, il parlait haut, comme s'il
180 se fût querellé avec quelqu'un.

Cette nuit-là, par hasard, il n'avait fait aucun bruit, et c'est seulement en venant ouvrir les fenêtres que le serviteur avait trouvé sir John assassiné. Il ne soupçonnait personne.

Je communiquai ce que je savais du mort aux magistrats et aux
185 officiers de la force publique, et on fit dans toute l'île une enquête minutieuse. On ne découvrit rien.

Or, une nuit, trois mois après le crime, j'eus un affreux cauchemar[2]. Il me sembla que je voyais la main, l'horrible main, courir comme un scorpion ou comme une araignée le long de mes rideaux
190 et de mes murs. Trois fois, je me réveillai, trois fois je me rendormis, trois fois je revis le hideux débris galoper autour de ma chambre en remuant les doigts comme des pattes.

Le lendemain, on me l'apporta, trouvé dans le cimetière, sur la tombe de sir John Rowell*, enterré là ; car on n'avait pu découvrir sa
195 famille. L'index manquait.

Voilà, Mesdames, mon histoire. Je ne sais rien de plus. »

Les femmes, éperdues, étaient pâles, frissonnantes. Une d'elles s'écria :

1. On procéda aux constatations : on chercha des indices pour comprendre ce qui s'était passé.
2. Maupassant utilise le même procédé que dans *Le Horla* (25 mai) : il se sert du cauchemar pour introduire un phénomène fantastique. Ce procédé sera utilisé dans les années 1980, sur une plus grande échelle, dans les films américains mettant en scène le personnage de Freddy Krugger.

« Mais ce n'est pas un dénouement cela, ni une explication ! Nous
n'allons pas dormir si vous ne nous dites pas ce qui s'était passé
selon vous. »

Le magistrat sourit avec sévérité :

« Oh ! moi, Mesdames, je vais gâter, certes, vos rêves terribles. Je
pense tout simplement que le légitime propriétaire de la main n'était
pas mort, qu'il est venu la chercher avec celle qui lui restait. Mais
je n'ai pu savoir comment il a fait, par exemple. C'est là une sorte
de vendetta*. »

Une des femmes murmura :

« Non, ça ne doit pas être ainsi. »

Et le juge d'instruction, souriant toujours, conclut :

« Je vous avais bien dit que mon explication ne vous irait pas. »

Le Gaulois, 23 décembre 1883.

LE CABINET DE TRAVAIL DE MAUPASSANT.

CARICATURE ANONYME DE MAUPASSANT.

Présentation de l'œuvre

LE SERMENT DES BRAVES.

Prussiens, tremblez devant la guerre ;
La France va vous mettre au pas ;
Si vous franchissez la frontière
Vous ne la repasserez pas !

Bismarck, puisque tu l'as voulu,
Gare à tes prussiens, il n'en restera guère,
Bismarck, puisque tu l'as voulu,
Gare à tes prussiens, il n'en restera plus !

LE PEUPLE, SÛR QUE LA FRANCE EST LA PLUS FORTE,
ACCUEILLE L'ANNONCE DE LA GUERRE AVEC DES CRIS DE JOIE :
« À BERLIN ! À BERLIN ! » ; UNE DÉFAITE LUI SEMBLE IMPOSSIBLE.

MAUPASSANT ET SON ÉPOQUE
Le contexte historique

LA SUCCESSION DES RÉGIMES

Plusieurs régimes politiques et chefs d'État séparent le début de la Révolution française, en 1789, de l'avènement définitif de la République.

La I^{re} République (1792-1804)

Jusqu'en 1789, la France est une monarchie. Le roi détient son pouvoir de Dieu lui-même et s'appuie sur une noblesse oisive, détentrice de nombreux privilèges. En 1789, une première révolution renverse la monarchie, et la I^{re} République est proclamée en 1792 alors que Louis XVI est déchu de ses fonctions par l'Assemblée législative. Lui et sa femme, Marie-Antoinette, seront guillotinés en 1793. La République est proclamée, mais elle sera souvent remise en question au cours du XIX^e siècle.

Le Premier Empire (1804-1815)

En 1799, Napoléon Bonaparte prend le pouvoir à la suite d'un coup d'État. Il devient consul, puis se fait sacrer empereur en 1804 sous le nom de Napoléon I^{er}. C'est le Premier Empire. Dès 1803, il entreprend une série de guerres dont les dernières connaîtront des issues désastreuses. Exilé une première fois en 1814, il revient pour un règne de 100 jours et connaît une dernière défaite à Waterloo, en Belgique, en 1815. Il meurt en 1821, à l'île Sainte-Hélène, pendant son second exil.

La Restauration (1815-1830)

Après son abdication, la monarchie est rétablie, et deux rois se succèdent. Louis XVIII, frère de Louis XVI, et Charles X refusent tous deux d'accepter les règles du jeu parlementaire. Une opposition libérale formée principalement de la haute bourgeoisie mène alors une insurrection qui balaie une deuxième fois la monarchie en obtenant l'abdication de Charles X en 1830.

La monarchie de Juillet (1830-1848)

La monarchie de Juillet offre le trône à Louis-Philippe d'Orléans, issu de la branche cadette des Bourbons, la famille royale. En dépit de son origine, Louis-Philippe d'Orléans est un partisan révolutionnaire. C'est donc à un roi bourgeois que la bourgeoisie offre le pouvoir en même temps qu'elle lui impose une constitution. Il régnera jusqu'en 1848 alors qu'une nouvelle révolution force son abdication.

La II^e République (1848-1851) et le Second Empire (1852-1870)

La II^e République, proclamée le 25 février 1848, ne survit pas au coup d'État du 2 décembre 1851 de Louis-Napoléon Bonaparte. Celui-ci abolit le régime parlementaire, prend le nom de Napoléon III et, le 2 décembre 1852, proclame le rétablissement de l'Empire ; c'est le Second Empire. Napoléon III instaure le despotisme et la répression. La presse est muselée, les opposants, déportés ou forcés de s'exiler, tel le poète Victor Hugo, partisan d'une démocratie libérale, qui vécut en exil de 1851 à 1870. Son règne en est un de prospérité économique et de grands développements (ferroviaire, bancaire et industriel). À l'instar de son oncle Napoléon Bonaparte, il se lance dans des guerres dont la dernière, en 1870, sera fatale à son règne.

LA GUERRE DE 1870-1871

Le 19 juillet 1870, à la suite d'un incident diplomatique au sujet du trône d'Espagne, la France déclare la guerre à la Prusse, ancien État de l'Allemagne du Nord. Le peuple, sûr que la France est la plus forte, accueille cette nouvelle avec des cris de joie : « À Berlin ! À Berlin ! » ; une défaite lui semble impossible. Au cours de l'été 1870, cependant, l'armée française perd plusieurs batailles et, le 2 septembre, elle capitule à Sedan, ville du nord-est de la France. Quinze mille Français sont alors blessés ou tués et près de 100 000 sont faits prisonniers, dont l'empereur lui-même. Le régime de Louis-Napoléon Bonaparte, déjà faible à la fin des années 1860, s'écroule aussitôt la nouvelle connue. Le 4 septembre, à Paris, le peuple envahit le Palais-Bourbon et proclame la fin du Second Empire. Un gouvernement de la Défense nationale est alors institué et il dirigera le pays jusqu'au 12 février 1871.

Guidé par le refus des Français de subir l'humiliation de la défaite et par leurs rêves de revanche, Louis-Napoléon Bonaparte décide de poursuivre la lutte et organise aussitôt la résistance. Les Prussiens continuent leur avance et, dès le 19 septembre, ils assiègent Paris qui se trouve isolée du reste du pays avec lequel elle ne pourra plus communiquer que par ballons ou à l'aide de pigeons voyageurs. Fin septembre, près de 700 000 hommes sont enrôlés ; ceux de moins de 25 ans le sont dans l'armée régulière et les 25 à 40 ans, dans la Garde nationale, troupe chargée de défendre les villes. Pour les équiper, on produit à la hâte et on achète à l'étranger des fusils, des uniformes, du matériel de guerre... Le gouvernement crée également un corps de francs-tireurs constitué de civils non intégrés à l'armée régulière et qui opèrent, de façon désordonnée et imprévisible, un travail de sabotage de l'armée ennemie. On demande même au peuple de se joindre à la lutte. Dans *Le Siècle* du 25 septembre, on peut lire : « Français, prenez des faulx, prenez des haches, prenez des bâtons. Venez, par masses innombrables, harceler l'armée ennemie [1] ». Malgré ce gigantesque effort, la France multiplie les défaites, et le nord de la France est peu à peu occupé par les Prussiens (environ 27 départements sur 89). Jules Mazé écrit : « Nos troupes étaient brisées de fatigue ; elles avaient froid, elles avaient faim. Les paysans assistèrent au lamentable défilé de ces malheureux qui, grelottant dans des effets en lambeaux, se traînaient sur les routes verglacées [...] [2] » Au bord de la famine, accablée par les bombardements, Paris capitule le 28 janvier 1871 après 132 jours de siège. Un armistice est alors signé qui sera ratifié le 10 mai 1871 par le traité de Francfort. La France cède au vainqueur l'Alsace et une partie de la Lorraine, c'est-à-dire un territoire de 15 000 km^2 et de 1 600 000 habitants. Elle doit aussi lui verser une indemnité de guerre de cinq milliards de francs. L'année qui vient de s'écouler restera, dans la mémoire des Français, l'« Année terrible » (V. Hugo). L'occupation prussienne ne cessera qu'au moment du dernier versement de l'indemnité de guerre, soit en septembre 1873.

1. Cité par Georges-Roux, *La Guerre de 1870*, p. 199.
2. Cité par Georges-Roux, *ibid.*, p. 215.

PARIS CAPITULE LE 28 JANVIER 1871 APRÈS 132 JOURS DE SIÈGE.
LES TROUPES ALLEMANDES ENTRENT DANS LA VILLE.

Entre-temps, le 18 mars 1871, éclate à Paris une insurrection révolutionnaire qui aboutit à la formation de la Commune qui s'emparera de tous les pouvoirs civils et militaires. Une guerre civile s'ensuit qui se terminera, fin mai, dans un bain de sang. Aux élections du 2 juillet 1871, 99 républicains sont élus sur 114 députés. En 1875, on vote les lois constitutionnelles qui fondent définitivement la République.

Le contexte social

LA MONTÉE DE LA BOURGEOISIE

Avant la Révolution, la société française est divisée en trois ordres : le clergé, la noblesse et le tiers état, qui regroupe une grande diversité de classes sociales, entre autres les bourgeois, les artisans et les paysans. Les deux premiers ordres possèdent de nombreux privilèges au détriment du tiers état, qui constitue environ 97 % de la population.

Une partie de la bourgeoisie est fort riche et voit d'un mauvais œil les privilèges de la noblesse qui empêche son ascension sociale. C'est elle qui fait la Révolution. Au nom de l'égalité des droits, elle abolit les privilèges du clergé et de la noblesse ; elle les prive également de leurs ressources, la dîme et les droits féodaux. La noblesse tente de reprendre ses droits en 1815 au retour de la monarchie, mais son déclin sera fulgurant après la révolution de 1830. La bourgeoisie ne cesse d'affirmer sa suprématie tout au long du XIXe siècle. C'est d'ailleurs pourquoi on a baptisé ce siècle le Siècle bourgeois. Suprématie politique mais aussi économique. Alors que la noblesse s'intéresse peu aux affaires et qu'elle tire ses revenus de la terre et de l'immobilier, la haute bourgeoisie, celle des banquiers, des industriels et des gros commerçants, prospère grâce au commerce et aux affaires. Une bonne partie d'elle, à l'instar de M. Loiseau, dans *Boule de Suif,* qui a vendu des vins à l'Intendance, s'enrichit rapidement en vendant des fournitures diverses à l'armée. Les bourgeois profitent également de la révolution industrielle tributaire du progrès des sciences physiques et chimiques, du développement de nouvelles sources d'énergie (vapeur et électricité) et de l'amélioration des transports (bateaux à vapeur et chemin de fer). Le XIXe siècle assiste au développement autant d'industries

anciennes comme le tissage, la métallurgie et l'imprimerie (l'invention de la presse rotative en 1867 favorise l'essor du livre et des journaux) que d'industries nouvelles (production du gaz d'éclairage, de produits pharmaceutiques, d'engrais chimiques qui transforment l'agriculture, etc.).

Le trait le plus frappant de cette grande bourgeoisie est la ténacité qu'elle met à défendre ses propres intérêts. Les bourgeois prônent des valeurs qui favorisent l'accroissement de leur richesse : la propriété, la constance dans le travail, la famille (ils craignent par-dessus tout les mésalliances), l'ordre, la sécurité et l'économie. Ils gardent leurs distances par rapport aux ouvriers avec lesquels ils ne veulent pas partager leurs nouvelles richesses et dont les valeurs ne correspondent pas aux leurs (même si, à la longue, les ouvriers adopteront les valeurs bourgeoises devenues dominantes). Ils les exploitent même, et la misère ouvrière qui en résulte mène à la syndicalisation et au socialisme.

LA FEMME AU XIXᵉ SIÈCLE

L'inégalité entre les sexes

Il existe une grande inégalité entre les hommes et les femmes. Celles-ci sont considérées comme des mineures qui passent de l'autorité du père à celle du mari. Les femmes n'ont pas le droit de vote et n'ont accès ni à l'instruction supérieure, ni aux postes politiques, ni aux postes de direction des entreprises. Quand elles travaillent, elles sont réduites aux emplois subalternes ; en usine, elles gagnent de deux à trois fois moins que les hommes. Certaines d'entre elles s'adonnent à la prostitution, après leur journée en usine, afin d'augmenter leur misérable salaire.

La prostituée

Même si la prostituée est parfois issue des rangs de la bourgeoisie (veuve dans le besoin, mère célibataire rejetée par sa famille, etc.), et même si elle est souvent fréquentée par les bourgeois, elle représente une menace pour ces derniers, menace pour leur santé (la syphilis est une maladie vénérienne incurable au XIXᵉ siècle qui, à l'instar du

sida à la fin du XXe siècle, tue beaucoup de gens), leur fortune (certains bourgeois dépensent parfois beaucoup d'argent dans les maisons closes ou pour entretenir une fille) et surtout pour les valeurs qui assurent leur sécurité. Ainsi, l'oisiveté et le sens du plaisir des prostituées s'opposent à l'importance qu'accordent les bourgeois au travail, leur instabilité (elles déménagent souvent) à leur stabilité, leur côté dépensier à leur sens de l'épargne, leurs excès à leur sens de l'ordre, leur impulsivité et leur irascibilité à la retenue de leurs sentiments, leur gourmandise (on les représente souvent faisant de l'embonpoint) à leur sobriété, leur liberté sexuelle à l'interdit qui touche la sexualité préconjugale et extraconjugale, leur célibat à la vie de famille (le jeune homme peut refuser de se marier s'il trouve des satisfactions sexuelles auprès de prostituées, le père de famille trouble la paix de son ménage). Par-dessus tout, le bourgeois craint que la prostituée corrompe sa femme et ses filles. Aussi la tient-il à l'écart ; il faut éviter la contagion morale. C'est dans ce contexte que fleurit, dans les années 1830, un discours réglementariste qui considère la prostitution comme un mal nécessaire, mais un mal dont il faut circonscrire la propagation ; ce discours conduit à la création de maisons closes, ainsi nommées parce que les filles n'ont que rarement le droit d'en sortir.

On distingue différentes classes de prostituées selon le lieu où elles opèrent et la clientèle à laquelle elles s'adressent. Un monde sépare celle qui racole dans la rue de la femme galante qui choisit ses clients, souvent des aristocrates et des bourgeois, et qui les reçoit chez elle. Cette dernière, à l'instar de Boule de Suif, possède de l'argent et habite, à la ville, une maison où elle vit seule avec ses domestiques.

Les prostituées ont inspiré un grand nombre d'écrivains du XIXe siècle dont Balzac (La Torpille dans *Splendeurs et misères des courtisanes*), Hugo (Fantine dans *Les Misérables*), Flaubert (Rosanette dans *L'Éducation sentimentale*), Zola (*Nana*) et Alexandre Dumas. Certaines qualités morales reviennent dans les portraits qu'ils en tracent dont l'amour des enfants (même si elles sont obligées de se séparer des leurs), la permanence du sentiment religieux, le sens de la solidarité.

LA RELIGION ET LA SCIENCE

Avec la Révolution, le clergé perd son prestige et son pouvoir alors que les gouvernements républicains séparent le pouvoir religieux du pouvoir politique. Le déclin de la pratique religieuse est constant et sensible tout au long du XIX[e] siècle et, en particulier, après la révolution de 1830. Les bourgeois ne tiennent à la religion que dans la mesure où elle leur permet de consolider leur pouvoir. Pouvoir sur la famille d'abord. Le bourgeois, souvent pas plus croyant qu'il ne faut, tient à ce que sa femme et ses filles aient une éducation religieuse qui sera garante de leur moralité et de la stabilité de son foyer. « Surtout quand sa femme est jolie, le Français, même anticlérical, est tenté de la croire mieux gardée si le curé s'en mêle[1]. » Pouvoir social ensuite. La religion maintient les catholiques dans l'acceptation de l'ordre établi. Au lieu de dénoncer les injustices sociales, le clergé prêche la résignation et l'obéissance et propose un cataplasme, la charité chrétienne. Aussi la classe ouvrière associe-t-elle l'Église aux dominants. En 1856, à Paris, un million d'ouvriers et d'artisans ne pratiquent plus la religion. En 1871, les communards persécutent le clergé. Le dialogue suivant, entre un délégué de la police et un jésuite assigné devant un tribunal révolutionnaire de la Commune, en dit long sur leur haine du clergé :

« Quelle est votre profession ?
— Serviteur de Dieu.
— Où habite votre maître ?
— Partout.
— Greffier, écrivez : « se disant serviteur d'un nommé Dieu sans domicile fixe, en état de vagabondage[2] ».

À la foi en Dieu et en l'Église, le XIX[e] siècle substitue la foi en la raison et en la science, emboîtant ainsi le pas au philosophe Auguste Comte (1798-1857), qui affirme que l'humanité est passée du stade de l'explication surnaturelle des phénomènes à un « stade positif et

1. A. Siegfried, cité par Georges Dupeux, *La Société française 1789-1960*, p. 185.

2. Cité par Georges-Roux, *op. cit.*, p. 325.

industriel où les hommes, renonçant à chercher les causes profondes et l'essence des choses, se contentent de découvrir les lois effectives qui régissent les faits par l'observation et le raisonnement[1] ». Sa doctrine, le positivisme, inspire tout l'enseignement public du primaire à l'université.

Darwin, par ailleurs, élabore sa théorie de l'évolution et de la sélection naturelle et publie, en 1859, *L'Origine des espèces*; Pavlov et Claude Bernard développent la physiologie et ce dernier publie, en 1876, *La Science expérimentale,* théorie générale de la biologie; le docteur Charcot élabore une pathologie nerveuse.

Le contexte littéraire

Trois courants littéraires ont principalement marqué le XIXᵉ siècle français : 1) le romantisme, auquel est associé le fantastique; 2) le réalisme et son prolongement, le naturalisme; et 3) le symbolisme. Les contes et nouvelles de ce recueil appartiennent au fantastique et au réalisme.

LE FANTASTIQUE

De tout temps ont été racontées ou écrites des histoires qui défient la raison et font appel au surnaturel. Mais le fantastique, tel que nous le connaissons aujourd'hui, remonte au roman gothique anglais du XVIIIᵉ siècle. Il doit sa véritable naissance aux romantiques allemands du XVIIIᵉ siècle et, principalement, à E.T.A. Hoffmann (1776-1822) dont les contes, traduits en France à partir de 1829, ont connu une popularité telle qu'ils ont suscité de nombreuses imitations. Son premier livre, intitulé *Fantasiestücke* (*Fantaisies*), contient la substance du fantastique tel qu'on l'entend encore aujourd'hui. Les romantiques français trouvent dans les œuvres fantastiques plusieurs de leurs obsessions : rejet du rationalisme, importance accordée au rêve et au mystère, fascination pour l'étrange et l'excessif, primauté de l'individu (les contes fantastiques sont souvent écrits à la première personne) en proie à des émotions exacerbées (ici, l'angoisse, la peur) et ballotté

1. *Le Petit Robert des noms propres*, 6ᵉ éd., Paris, 1982, p. 436.

TRADUCTION DES CONTES DE L'AUTEUR AMÉRICAIN
EDGAR ALLAN POE (1809-1849),
PAR BAUDELAIRE.

dans un monde qui le dépasse. Mais plusieurs auteurs associés à d'autres courants que le romantisme ont également été séduits par le fantastique qui a continué de se développer après 1850, parallèlement au réalisme et au naturalisme. La publication, en 1856, des premières traductions des contes de l'auteur américain Edgar Allan Poe (1809-1849) par Baudelaire, *Histoires extraordinaires,* donne une nouvelle impulsion au genre. Avec Poe, le fantastique s'intériorise et mise sur l'angoisse existentielle, le goût du morbide, la folie des héros.

Qu'est-ce que le fantastique? Todorov le définit ainsi: « Le fantastique, c'est l'hésitation éprouvée par un être qui ne connaît que les lois naturelles, face à un événement en apparence surnaturel[1]. » Les récits fantastiques sont habités d'êtres étranges (fantômes, vampires, monstres, automates, morts-vivants, double du héros). Le héros est parfois lui-même un être doté de pouvoirs spéciaux, mais il est le plus souvent un être ordinaire confronté soudain à un événement extraordinaire (apparition, métamorphose, résurrection, possession par le diable ou autre, animation d'objets) qui suscite chez lui — et par conséquent chez le lecteur — angoisse et terreur. Généralement, ses références spatiales et temporelles se dérèglent. Quand il ne se retrouve pas dans un lieu étrange (château abandonné, cimetière sous la Lune, souterrain obscur), c'est son univers habituel qui se transforme et devient inquiétant… surtout la nuit, plus propice que le jour à l'émergence du mystère. Il arrive que l'auteur, à la fin de son récit, sente le besoin d'expliquer la cause des phénomènes narrés, mais, le plus souvent, il laisse le lecteur dans l'ambiguïté.

LE RÉALISME

Le terme « réalisme » formé à partir du mot « réel » apparaît vers 1835, et le courant réaliste se développe après 1850. Les écrivains réalistes puisent leur inspiration dans le monde qui leur est contemporain et cherchent à rendre compte de la réalité sous tous ses aspects, y compris ceux qui, jusque-là, n'étaient pas considérés comme artistiques. Ils n'hésitent pas à décrire des lieux sordides, des situations

1. Tzvetan Todorov, *Introduction à la littérature fantastique*, Paris, Seuil, 1970, p. 29.

immorales, des personnages ignobles, etc. Tous les milieux sociaux sont représentés dans leurs œuvres. La bourgeoisie l'est, il est vrai, plus que les autres (elle constitue la classe dominante, comme nous l'avons vu, et plusieurs écrivains en sont issus), mais on y trouve aussi des milieux peu ou pas présents jusqu'alors dans la littérature : des ouvriers, des artistes, des prostituées et des marginaux de toutes sortes. Soucieux de rendre compte de la réalité d'une façon impartiale et précise, les écrivains réalistes renoncent à la subjectivité si chère aux romantiques, s'efforcent de bien observer le monde qui les entoure et se documentent afin de bien connaître les milieux et les situations qu'ils décrivent. Les références sociales, historiques et géographiques de leurs œuvres sont exactes, les portraits et les descriptions, minutieux et pleins de petits détails qui font « vrai ». Les intrigues de leurs récits, tout à l'opposé de celles des récits fantastiques, répondent à une logique rigoureuse.

Le réalisme s'est prolongé dans le naturalisme qui, lui, avait des prétentions scientifiques. Pour Zola, chef de l'école naturaliste, le romancier est un observateur doublé d'un « expérimentateur » qui mène son roman comme une expérience de laboratoire en faisant se « mouvoir les personnages dans une histoire particulière, pour y montrer que la succession des faits y sera telle que l'exige le déterminisme des phénomènes mis à l'étude[1] ».

1. Cité dans Hélène Sabbah, *Littérature 2ᵈᵉ*, Paris, Hatier, 1993, p. 308.

MAUPASSANT ET SON ŒUVRE

La vie de Maupassant

Guy de Maupassant est né le 5 août 1850 en Normandie[1], dans le pays de Caux. Sa mère, une femme intelligente, cultivée et autoritaire, souffre de troubles nerveux. Son père, un dandy insouciant, multiplie les infidélités conjugales. Ses parents ne s'entendent guère, et Guy souffre de leurs incessantes disputes[2]. Ils se séparent vers 1862, et sa mère obtient la garde des enfants (un deuxième garçon, Hervé, est né en 1856) qu'elle emmène à Étretat dans une villa achetée avant la séparation. Elle leur lit de la poésie et des pièces de Shakespeare. Guy joue avec les fils de paysans et de pêcheurs et apprend leur patois. Il court dans la campagne tel « un poulain échappé », selon l'expression de sa mère, et développe une passion pour la mer et la navigation (Étretat est située au bord de la Manche). À 13 ans, il entre au collège d'Yvetot. Il étouffe dans cet univers austère dont il s'évade en écrivant de la poésie. À force d'être obligé de prier, il développe une aversion pour la religion et les prêtres et, de plus en plus révolté, il multiplie les frasques. Renvoyé du collège en 1868, il termine ses études à Rouen et obtient son baccalauréat en 1869.

À l'été 1868, pendant ses vacances à Étretat, Maupassant sauve de la noyade le poète anglais Charles Swinburne qui l'invite chez lui, dans une maison sise à l'écart du village, où il vit avec un ami, Powel, et un singe. Leur vie intrigue les habitants d'Étretat qui considèrent les deux amis comme des originaux. Maupassant est impressionné par l'aspect morbide de leur décor intérieur et, en particulier, par une main semblable à celle qu'il décrira plus tard dans *La Main d'écorché* et dans *La Main*. Swinburne la lui offre, et Maupassant ne s'en séparera jamais. Quelques années plus tard, à Paris, il songera même à la suspendre au cordon de la sonnette de la porte d'entrée sans pourtant oser le faire. C'est son personnage de *La Main d'écorché* qui le fera, mais pour une nuit seulement.

1. Ses biographes ne s'entendent pas sur le lieu de sa naissance : chez sa grand-mère, à Fécamp, ou dans un château loué par ses parents, à Miromesnil.
2. Ces disputes lui inspireront le conte *Garçon, un bock !* publié en 1884.

La plage à Étretat.

À l'automne 1869, Maupassant commence, à Paris, des études de droit, qu'il interrompt pour devenir soldat après que la France eut déclaré la guerre à la Prusse, à l'été 1870. Il travaille d'abord à l'Intendance de Rouen, puis doit rejoindre le front. Il se retrouve aussitôt au milieu d'une armée vaincue qui reflue devant des Prussiens victorieux, une armée en déroute composée de soldats épuisés, déguenillés, affamés, ceux-là même qu'il décrira au début de *Boule de Suif*. Maupassant écrit à sa mère : « Je me suis sauvé avec notre armée en déroute. » Son père le fait entrer à l'Intendance de Paris où il reste tout le temps que dure le siège. Après la capitulation, il obtient une permission, quitte Paris et se réfugie à Rouen, puis à Étretat auprès de sa mère. Il enrage de voir les Prussiens occuper la France.

Démobilisé en novembre 1871, Maupassant devient fonctionnaire en mars 1872. Il travaille d'abord au ministère de la Marine, puis à celui de l'Instruction publique. Son travail l'ennuie, et il s'insurge contre la médiocrité ambiante et l'attitude servile de ses collègues bureaucrates. Néanmoins, il emmagasine des observations qu'il utilisera dans 33 de ses contes et nouvelles. Pour échapper à cet étouffement, Maupassant fait du canotage sur la Seine et multiplie les aventures d'un jour avec des filles ; il contracte la syphilis.

Parallèlement, il fait son apprentissage d'écrivain sous l'œil vigilant de Gustave Flaubert, auteur de *Madame Bovary*, l'un des plus célèbres romans français, publié en 1857. Flaubert, un ami de sa mère, incite Maupassant au travail soutenu, lit tout ce qu'écrit son protégé, corrige et donne des conseils tel celui-ci : « Il s'agit de regarder tout ce qu'on veut exprimer assez longtemps et avec assez d'attention pour en découvrir un aspect qui n'ait été vu et dit par personne. » Maupassant publie des poèmes dans des journaux ainsi que son premier conte, *La Main d'écorché*, en 1875. Il écrit aussi des pièces de théâtre dont l'une est jouée en 1879. Il fait la rencontre d'autres jeunes auteurs et celle d'Émile Zola qui, en 1877, achète une maison à Médan où il reçoit des écrivains. Un jour, Zola propose à cinq jeunes écrivains réunis chez lui de publier un recueil de six nouvelles sur le thème de la guerre. Maupassant songe alors à une aventure racontée par son oncle Charles Cordhomme (le modèle de Cornudet). Pour le personnage principal, il s'inspire d'une

CHARLES SWINBURNE

prostituée rouennaise, Adrienne Legay[1]. Quand, en 1880, paraissent *Les Soirées de Médan,* la nouvelle de Maupassant, *Boule de Suif,* connaît un succès immédiat. Flaubert exulte et proclame que la nouvelle est un chef-d'œuvre. « Tâche d'en faire une douzaine comme ça et tu seras un homme ! », écrit-il à son protégé en avril 1880. Peu de temps après, soit le 8 mai 1880, Flaubert meurt ; Maupassant en conçoit un immense chagrin.

La célébrité de Maupassant ne fera que s'accroître et se confirmer dans les 10 années suivantes. Le succès de *Boule de Suif* transforme sa vie. Maupassant laisse son emploi au ministère et devient chroniqueur pour divers journaux pour lesquels il écrit aussi des contes et des nouvelles. Il profite ainsi de l'essor considérable de la presse, en cette fin de XIXe siècle, tributaire du progrès de l'alphabétisation, de la diminution du prix des journaux et de l'invention de la presse rotative. En une dizaine d'années, Maupassant écrit quelque 250 chroniques, environ 300 contes et nouvelles, 6 romans, 3 récits de voyage, 1 recueil de vers et 3 pièces de théâtre. Ses livres se vendent bien, et il gagne beaucoup d'argent qu'il administre judicieusement. Il aide sa mère et son frère, entretient de nombreuses maîtresses, subvient aux besoins de ses trois enfants illégitimes et de leur mère, loue un appartement luxueux à Paris, fait construire une villa à Étretat, *La Guillette,* un diminutif de son prénom, s'achète un voilier de 14,60 m auquel il donne le nom d'un de ses romans, *Bel-Ami,* et pour lequel il engage deux marins, a des domestiques, bref, il mène un grand train de vie. Son succès et son argent lui ouvrent les portes de la haute société qu'il décrit dans cinq de ses romans. Il fait aussi des voyages : en Algérie, en Tunisie, en Italie, en Corse et en Angleterre.

De 1884 à 1886, Maupassant assiste, à la Salpêtrière[2], aux conférences données par le docteur Charcot sur les névroses et l'hystérie. Ces conférences, ainsi que les démonstrations d'hypnose du célèbre psychiatre, sont très courues. Freud lui-même, futur père de la psychanalyse, y assiste en 1886 et 1887. C'est que la folie, au centre du

1. Des années plus tard, Maupassant rencontrera Adrienne Legay dans un théâtre, à Rouen, et l'invitera à souper.
2. La Salpêtrière est un hôpital parisien affecté, en 1796, au traitement des maladies mentales.

LES CONFÉRENCES DONNÉES PAR LE DOCTEUR CHARCOT,
AINSI QUE LES DÉMONSTRATIONS D'HYPNOSE DU CÉLÈBRE
PSYCHIATRE, SONT TRÈS COURUES.
ILLUSTRATION DE PIERRE ANDRÉ BROUILLET.

Horla, est un sujet qui passionne de nombreux contemporains de Maupassant. Mais Maupassant a aussi des raisons personnelles de s'intéresser à la folie : sa mère souffre de troubles nerveux (il a déjà demandé au docteur Charcot de l'examiner) de même que son frère Hervé, qu'il fera interner dans un asile où il mourra en 1889. Maupassant porte donc une lourde hérédité névrotique. En plus, sa syphilis lui donne de pénibles maux d'yeux et de tête. Depuis plusieurs années déjà, il est la proie d'hallucinations ; parfois, il croit même voir son double. Il se sent suivi et, comme le narrateur du *Horla*, il lui arrive de ne pas voir son reflet dans un miroir. La peur et l'angoisse l'étreignent. Pour se soulager, il a recours à l'éther et à la cocaïne, et il fait de fréquents séjours dans des stations thermales. Mais le mal progresse et, après avoir envahi tous les organes, il s'attaque au cerveau. Maupassant est devenu nerveux, irritable, imprévisible. Après une tentative de suicide ratée, il est interné, le 7 janvier 1892, dans la clinique du docteur Blanche où il est en proie à des délires. Il y meurt le 6 juillet 1893.

L'œuvre de Maupassant

Maupassant est un individualiste qui déteste les étiquettes et qui ne veut pas être rattaché à une école littéraire. Il a proclamé son admiration pour le romantisme, a été le disciple de Flaubert, écrivain réaliste, a fréquenté Zola, chef de l'école naturaliste, a écrit des contes fantastiques et des romans psychologiques. Où donc le situer ?

UNE ŒUVRE RÉALISTE

Plusieurs caractéristiques de l'œuvre de Maupassant le désignent d'emblée comme un écrivain réaliste : le choix des sujets, son sens aigu de l'observation, la précision et la justesse de ses portraits et de ses descriptions.

Maupassant a puisé ses sujets autour de lui, dans la réalité quotidienne. Tout lui sert de matériaux : les histoires qu'on lui raconte (sa mère en recueille pour lui) et celles qu'il a vécues, l'actualité et les faits divers (n'oublions pas qu'il est journaliste). Même si certains passages sont parfois repris d'un conte à l'autre ou si certains récits

Maupassant avec Colette Dumas d'Hauterive,
fille d'Alexandre Dumas, et M^me Bizet vers 1875-1880.

se ressemblent, la variété des sujets abordés impressionne. S'il n'a pas d'imagination, ainsi qu'il se plaît à le dire, en revanche il est un fin observateur des lieux où il a vécu — la Normandie et Paris surtout — et des gens qu'il a côtoyés. En Normandie : les paysans et les chasseurs. À Paris : les bureaucrates au ministère, les boutiquiers de sa rue, les canotiers sur les bords de la Seine, les filles dans les auberges et les maisons closes, les mondains dans les salons. Ses portraits, comme ses descriptions, sont minutieux. En cela, il est le fidèle disciple de Flaubert, qui lui a inculqué le souci du détail pittoresque et juste et qui le forçait « à exprimer, en quelques phrases, un être ou un objet de manière à le particulariser nettement[1] ».

Mais ce réalisme de Maupassant ne va pas jusqu'au naturalisme. Même si la nouvelle qui a lancé sa carrière littéraire, *Boule de Suif*, fait partie des *Soirées de Médan*, recueil considéré comme le manifeste du mouvement naturaliste, Maupassant a pris ses distances par rapport à ce mouvement. Dans la préface de son roman *Pierre et Jean*, il affirme que, si le romancier doit reproduire la vie « avec une scrupuleuse ressemblance » pour en arriver à « la révélation de ce qu'est véritablement l'homme contemporain », il ne doit pas chercher « à nous montrer la photographie banale de la vie », mais « à donner l'illusion complète du vrai ». Il en conclut « que les Réalistes de talent devraient s'appeler plutôt des Illusionnistes[2] ».

UNE ŒUVRE PERSONNELLE ET PESSIMISTE

Marie-Claire Bancquart, spécialiste de Maupassant, affirme avec justesse que le réalisme de Maupassant consiste en « une objectivité apparente dissimulant sa propre manière de voir les choses — dissimulant un gauchissement du monde dans le sens de ses obsessions[3] ». Ce sont, en effet, ses passions et ses répulsions, ses obsessions et ses angoisses qui nourrissent son œuvre et qui en constituent les thèmes récurrents : horreur de la guerre, amour de la nature et, surtout, de

1. Guy de Maupassant, « Préface » de *Pierre et Jean*, 1884.

2. *Ibid.*

3. Marie-Claire Bancquart, commentaires dans le recueil *Boule de Suif*, Paris, Librairie Générale Française, 1984, rééd. « Le Livre de poche », p. 260.

l'eau, sensualité, dépit amoureux et dégoût du mariage, paternité et bâtardise, hallucinations, obsession du double, folie, angoisse et hantise de la mort. Il reproduit son « illusion » du monde :

> « Quel enfantillage, d'ailleurs, de croire à la réalité puisque nous portons chacun la nôtre dans notre pensée et dans nos organes. [...] Chacun de nous se fait donc simplement une illusion du monde, [...] Et l'écrivain n'a d'autre mission que de reproduire fidèlement cette illusion [...][1] »

Cette illusion, ou cette vision du monde, est profondément pessimiste. Elle rejoint celle du philosophe allemand Arthur Schopenhauer (1788-1860), ce « vieux démolisseur » qu'il admirait et qui

> « a renversé les croyances, les espoirs, les poésies, les chimères, détruit les aspirations, ravagé la confiance des âmes, tué l'amour, abattu le culte idéal de la femme, crevé les illusions des cœurs, accompli la plus gigantesque besogne de sceptique qui ait jamais été faite [et qui] a tout traversé de sa moquerie, et tout vidé[2] ».

Comme Schopenhauer, Maupassant jette sur le monde un regard ironique, voire cynique. Ses paysans sont bornés et cupides, ses bourgeois, bêtes et médiocres, ses bureaucrates, semblables à des robots soumis à une routine déshumanisante, ses mondains, préoccupés de leurs seuls intérêts. Quel que soit le milieu social, les relations hommes-femmes sont vouées à l'échec. Maupassant a d'ailleurs une piètre opinion des femmes, « ces êtres charmants et sans importance[3] » auxquels il ne reconnaît que « le droit de plaire[4] ». Il rêve de la femme idéale, mais ne peut aimer aucune femme réelle et il considère le

1. Guy de Maupassant, « Préface » de *Pierre et Jean*, 1884.
2. Ainsi le présente Maupassant dans le conte *Auprès d'un mort.*
3. Guy de Maupassant, « Lui ? », dans *La Peur et autres contes fantastiques,* Classiques Larousse, 1994, p. 73.
4. « La Lysistrata Moderne », dans *Correspondance,* cité par Fernand Lemoine, *Guy de Maupassant,* Paris, éd. Universitaires, coll. « Classiques du XIXe siècle », 1957, p. 38.

mariage comme une abomination. L'être humain est irrémédiablement seul, et toute espérance est bannie de cet univers grotesque que Dieu ne peut sauver puisqu'il n'existe pas.

UNE ŒUVRE FANTASTIQUE

Dans ses contes fantastiques, l'angoisse rend cette solitude plus effrayante encore. « [...] j'ai peur, tout seul », dit le narrateur de *Lui?*. Le héros de ces contes, en effet, est presque toujours seul. Et il a peur.

La peur est omniprésente et donne même son nom à deux contes. Dans le premier, paru en 1882, le narrateur la définit ainsi : « [...] quelque chose d'effroyable, une sensation atroce, comme une décomposition de l'âme, un spasme affreux de la pensée et du cœur, dont le souvenir seul donne des frissons d'angoisse[1]. » Selon les contes, elle est causée par des objets ou des parties du corps (main, chevelure) qui s'animent, par le sentiment d'une présence inconnue et non identifiable, par l'apparition d'êtres étranges ou du double du héros, ou, au contraire, par la disparition de tout (*La Nuit*). Elle est même causée par la peur elle-même : « [...] j'ai peur de la peur », dit le narrateur de *Lui?*. Il dit aussi : « [...] j'ai peur de moi[2]! » C'est que le fantastique, chez Maupassant, est le plus souvent généré de l'intérieur, ce qui peut s'expliquer de deux façons. La première explication est liée à la progression de la folie chez Maupassant qui a trouvé en lui un terrain d'observation privilégié puisqu'il a lui-même été l'objet des angoisses, des hallucinations et des délires qui terrorisent les héros de ses récits. Mais, comme dans les récits réalistes, ses observations ne nous sont pas livrées à l'état brut. Les contes fantastiques ne sont pas l'œuvre d'un fou, mais celle d'un écrivain qui a vu grandir les ravages de la folie en lui et qui a su, en toute lucidité, les exploiter au profit de son art.

La seconde explication est liée au contexte littéraire. Maupassant commence à écrire à un moment où lecteurs et écrivains sont las des

1. Guy de Maupassant, « La Peur », dans *La Peur et autres contes fantastiques*, Classiques Larousse, 1994, p. 34.
2. *Ibid.*, p. 76.

ILLUSTRATION DU CONTE *QUI SAIT ?*.

histoires chères aux romantiques et qui situaient le surnaturel à l'extérieur des personnages. Dans ces histoires, le lecteur devait accepter d'emblée l'invraisemblance des situations ; revenants, sorcières et diables étaient considérés comme existant réellement dans le milieu où évoluait le héros. Chez Maupassant, on ne sait pas si le héros ne les a pas plutôt imaginés. Maupassant veut inquiéter le lecteur. Il a compris que l'épouvante n'est jamais si grande que lorsque le surnaturel s'insère dans un monde d'abord présenté comme banal, familier et que la frontière entre la réalité et le surnaturel apparaît floue et indécise. Il préfère l'écrivain qui « rôd[e] autour du surnaturel plutôt que d'y pénétrer [et qui] trouv[e] des effets terribles en demeurant sur la limite du possible, en jetant les âmes dans l'hésitation ». Il admire, chez Hoffmann et Poe, « cette façon particulière de coudoyer le fantastique et de troubler, avec des faits naturels où reste pourtant quelque chose d'inexpliqué et de presque impossible[1] ».

Les mots « hésitation » et « inexpliqué » sont ici très importants. Ce qui rend la peur insupportable, c'est le doute, l'impuissance du héros à comprendre et donc à contrôler les phénomènes dont il est le jouet. Ses questions restent sans réponse : ce qu'il voit existe-t-il vraiment ? Rêve-t-il ? Souffre-t-il d'insomnie ? Est-il malade ou fou ? Les points d'interrogation qui suivent le titre de trois contes sont significatifs : *Lui ?*, *Un fou ?*, *Qui sait ?*.

L'importance de Maupassant

Le succès que Maupassant a connu de son vivant ne s'est jamais démenti. Quelques années après sa mort, des statues lui ont été élevées, l'une à Paris et l'autre à Rouen. Son œuvre ne cesse d'être lue et rééditée ; elle compte aujourd'hui plus de 300 éditions dans une quinzaine de langues. Beaucoup de grands écrivains du XXe siècle le tiennent en haute estime et reconnaissent son influence sur eux. De nombreuses études sur sa vie et son œuvre ont également paru.

Alors que Maupassant a touché à tous les genres littéraires, ce sont surtout les récits brefs qui retiennent l'attention de la postérité. Maupassant avait publié ces récits dans des journaux, puis dans des

1. Guy de Maupassant, « Le Fantastique », chronique parue dans *Le Gaulois*, 7 octobre 1883.

recueils (13 entre 1881 et 1890), au fur et à mesure de leur écriture, sans souci d'unité ; c'est un récit, en général le premier, qui donnait son titre au recueil. Dans plusieurs des nombreuses éditions subséquentes, les récits sont regroupés sous un chapeau unificateur : un lieu (contes normands, contes parisiens), un thème (contes de chasse, récits de guerre), un ton (contes roses, contes noirs), ou encore un genre (contes réalistes, contes fantastiques).

Ces récits ont également été adaptés. D'après Jean-Marie Dizol, 62 contes et nouvelles de Maupassant ont fait l'objet de 111 adaptations pour la télévision ou le cinéma. Parmi eux, *Le Horla, Boule de Suif* (six fois) et *La Parure* (neuf fois)[1]. Le film le plus célèbre reste sans doute celui de Jean Renoir, *Partie de campagne,* réalisé en 1936 et distribué en 1946.

Bref, Maupassant est reconnu comme un grand maître du conte et de la nouvelle.

1. Jean-Marie Dizol, *Guy de Maupassant*, éd. Milan, coll. « Les essentiels Milan », n° 78, 1997, p. 54.

L'ŒUVRE EXPLIQUÉE

BOULE DE SUIF

La structure

La structure de *Boule de Suif* est linéaire, c'est-à-dire que les événements sont racontés selon l'ordre chronologique. Après avoir exposé le contexte historique, celui de la guerre de 1870, Maupassant raconte l'histoire des 6 premiers jours du voyage de 10 Rouennais qui fuient leur ville occupée par les Prussiens.

La nouvelle répond au schéma narratif [1] suivant : les personnages vivent une **situation initiale** qui est perturbée par un **élément déclencheur** qui les fait réagir et provoque des **actions** dont la **conséquence** mène à une **situation finale**.

SITUATION INITIALE	ÉLÉMENT DÉCLENCHEUR	ACTIONS	CONSÉQUENCE	SITUATION FINALE
Pendant l'occupation prussienne, 10 voyageurs, dans une diligence, sont en route pour Dieppe.	À Tôtes, un officier prussien refuse qu'ils poursuivent leur voyage tant qu'il n'aura pas couché avec Boule de Suif.	Occupations qui meublent l'attente et tentatives pour persuader Boule de Suif d'accéder à la demande de l'officier.	Boule de Suif accepte et passe une nuit avec l'officier.	Les voyageurs, heureux de leur délivrance, poursuivent leur voyage à bord de la diligence.

Deux aspects de cette structure méritent d'être soulignés. D'abord, une mise en abyme. Rappelons que ce procédé était utilisé par certains peintres flamands qui peignaient, dans leurs tableaux, un miroir qui renvoyait l'image du tableau tout entier ; la scène se trouvait ainsi représentée deux fois. Ici, c'est le voyage en diligence de la première

1. Ce schéma correspond à celui adopté par Marie-Thérèse Bataïni et Marie-Josée Dion dans *L'Analyse littéraire : un art de lire et d'écrire*, Mont-Royal, Modulo Éditeur, 1997, p. 155-160.

journée qui contient en germe la nouvelle entière. Le schéma narratif
de cette séquence le montre à l'évidence.

SITUATION INITIALE	ÉLÉMENT DÉCLENCHEUR	ACTIONS	CONSÉQUENCE	SITUATION FINALE
Dix voyageurs, dans une diligence, sont en route pour Dieppe.	La diligence avance très lentement, et la faim se fait sentir.	On demande à manger dans les fermes; sans succès. Boule de Suif sort son panier de provisions.	Boule de Suif leur donne à manger toutes ses provisions.	Les voyageurs, satisfaits, poursuivent leur voyage.

Dans cette séquence, comme dans la nouvelle, les voyageurs ren-
contrent un obstacle : l'impossibilité de manger, dans un cas, et celle
de poursuivre leur route, dans l'autre. Les deux fois, c'est Boule de
Suif qui les sauve. Le premier jour, on mange ses provisions ; le cin-
quième, on la sert en pitance à l'officier prussien.

Le deuxième aspect remarquable de la structure est la répétition,
le sixième jour, de la situation du premier jour : les mêmes voya-
geurs, dans la même diligence, au bout de quelques heures, ressen-
tent la faim. Cette répétition fait davantage ressortir le caractère
odieux des neuf personnages qui accompagnent Boule de Suif.
Alors que, le premier jour, Boule de Suif leur offre le contenu entier
de son panier de provisions, aucun d'eux, à la fin, ne partage son
repas avec elle. Même Cornudet, qui avait pourtant crié à l'infamie
la veille, mange seul ses quatre (!) œufs. Et les religieuses, loin de
lui donner un morceau de leur saucisson, roulent ce qui en reste
dans un papier ; elles pratiquent pourtant une religion qui prêche
la charité !

Le cadre spatio-temporel

LE TEMPS

Notons d'abord que la narration est ultérieure aux événements puisqu'ils sont rapportés au passé. Aucune date n'est mentionnée, mais deux informations situent le lecteur : 1) les livres d'histoire nous apprennent que les Prussiens ont envahi Rouen le 5 décembre 1870 et 2) le récit mentionne que « Au bout de quelque temps, […] un calme nouveau s'établit » (l. 81-82) et que « La ville même reprenait peu à peu de son aspect ordinaire » (l. 97). Ces « quelque temps » et « peu à peu » situent l'action au plus tôt fin décembre 1870, mais, plus probablement, en janvier 1871.

Dans un récit, le temps de la narration (le nombre de pages consacrées à la narration d'un événement) et le temps réel des événements rapportés ne coïncident que dans les **scènes,** c'est-à-dire lorsque les personnages dialoguent. Ailleurs, l'auteur fait soit un **sommaire** (il résume les événements), soit une **ellipse** (il les ignore complètement), soit une **pause** (il interrompt le récit pour faire une description, un portrait ou une analyse des événements). La durée de la narration nous renseigne sur l'importance relative que l'auteur accorde aux événements. En ce sens, le tableau qui suit est révélateur.

MOMENT DE LA FICTION	DURÉE DE LA FICTION	ÉVÉNEMENTS	DURÉE DE LA NARRATION
Avant le départ	Plusieurs jours	Déroute de l'armée française. Invasion et occupation prussiennes.	5 pages (p. 7-11)
1er jour (mardi)	De 4 h 30 à 10 h	Préparatifs de départ, début du voyage et portraits des voyageurs.	6 1/2 pages (p. 13-20)
	De 10 h à 15 h	Réactions des voyageurs face à la faim.	1 1/2 page (p. 20-21)
	De 15 h à 16 h 30 environ	Repas dans la diligence.	4 1/2 pages (p. 21-25)
	De 16 h 30 à 17 h 30 environ	Suite du voyage.	1/2 page (p. 25-27)
	Quelques minutes	Descente de la diligence.	1 page (p. 27-29)
	La soirée et la nuit	Souper. Boule de Suif éconduit Cornudet.	4 1/2 pages (p. 29-33)
2e jour (mercredi)	De 8 h jusqu'au coucher	Rencontre de l'officier prussien et colère des voyageurs.	5 pages (p. 33-40)
3e jour (jeudi)	Du lever jusqu'au coucher	Promenade aux alentours.	2 pages (p. 40-41)
4e jour (vendredi)	Du lever jusqu'au coucher	Conspiration et attaque de Boule de Suif au déjeuner et au dîner.	5 pages (p. 41-46)
5e jour (samedi)	Tard dans la matinée jusque tard dans la nuit	Lors d'une promenade, le comte convainc Boule de Suif. Dîner pendant que Boule de Suif est avec l'officier.	3 1/2 pages (p. 46-50)
6e jour (dimanche)	Quelques heures (ils mangent « au bout de trois heures de route »)	Préparatifs du départ et deuxième repas dans la diligence.	4 pages (p. 50-54)

Une première constatation s'impose : la narration de la première journée occupe à elle seule près de la moitié de la nouvelle (18 pages sur 43) et, dans cette journée, l'accent est mis sur le repas dont la narration s'étend sur 4½ pages, soit environ la même longueur que la narration des jours qui ont précédé le départ et celle de chacun des jours subséquents, à l'exception du troisième qui n'occupe que 2 pages. La brièveté de la narration du troisième jour s'explique par le fait que les voyageurs ne font qu'attendre et qu'ils n'ont pas encore commencé à conspirer contre Boule de Suif ; ils s'ennuient. La narration de la première journée permet principalement à Maupassant de présenter les personnages au lecteur ; il en fait d'abord le portrait (p. 16-19 : un peu plus de trois pages) et les montre ensuite en action lorsqu'ils mangent le repas de Boule de Suif. Ainsi renseigné, le lecteur n'est pas surpris de leurs attitudes subséquentes. La sortie de la diligence est aussi très éloquente par rapport au patriotisme des voyageurs et à leur attitude face au vainqueur. C'est ce qui explique que Maupassant y consacre une page alors que l'événement ne dure que quelques minutes.

L'ESPACE

Le récit se déroule en Haute-Normandie, région que Maupassant connaît bien puisqu'il y a grandi. Les voyageurs quittent Rouen en direction de Dieppe d'où ils comptent gagner Le Havre, un port sur la Manche. Le soir du premier jour, ils arrêtent à Tôtes, à l'hôtel du Commerce. Le choix de ce nom est judicieux puisque, dans cet hôtel, on fera le commerce de Boule de Suif qui deviendra une monnaie d'échange entre l'officier et les autres voyageurs dont six sont riches et accordent beaucoup d'importance à l'argent.

Un espace fermé

Ce qui frappe, dans cette nouvelle, c'est l'enfermement dans des espaces qui sont autant de prisons. Rouen même, sur laquelle s'ouvre la nouvelle, est un lieu d'où l'on ne sort pas facilement puisqu'il est envahi par les Prussiens auxquels il faut demander une « autorisation de départ » (l. 133). Tout au long de la nouvelle, les voyageurs sont enfermés. Même la cour intérieure de l'hôtel où ils attendent que la

ÉTAT ACTUEL DE L'AUBERGE DU CYGNE.
DANS *BOULE DE SUIF*, IL S'AGIT DE L'HÔTEL DU COMMERCE,
OÙ S'ARRÊTA LA DILIGENCE.

diligence soit prête crée cette impression d'enfermement quand une « porte subitement se ferm[e] » (l. 163). Mais leurs prisons principales, ce sont la diligence où ils sont confinés pendant 13 heures, puis l'hôtel du Commerce où l'officier les tient prisonniers. Même les lieux extérieurs sont des lieux clos, fermés par la neige qui agit comme un geôlier. Le premier matin, « Un rideau de flocons blancs […] empli[t] l'espace » (l. 165-170) ; le troisième jour, « la neige […] ferm[e] l'horizon » (l. 915-916). À Loiseau qui évoque l'idée de se sauver à pied, le comte répond : « Y songez-vous, dans cette neige ? » (l. 910). La neige empêche toute retraite, tout comme l'officier qui se profile sur cette neige faisant ainsi corps avec elle quand il apparaît « au bout de la rue », et bloque la voie, la sortie. À l'inverse, quand les voyageurs peuvent enfin quitter Tôtes, la neige ne semble plus menaçante ; « un clair soleil d'hiver [la rend] éblouissante » (l. 1207). Sa dureté favorise même la progression de la diligence : « On fuyait plus vite, la neige étant plus dure ; […] » (l. 1319). La porte de la prison est enfin ouverte.

Un espace public

Les deux lieux principaux de la nouvelle, la diligence et l'hôtel, ne sont pas des lieux privés, mais des lieux publics. Les personnages sont obligés de les partager avec des gens que, normalement, ils éviteraient. Ainsi, la comtesse, qui rend difficile l'accès de son salon, même à des gens de son propre niveau social, ne fréquenterait jamais Cornudet et Boule de Suif dans sa vie de tous les jours.

Un espace symbolique

L'espace que chacun occupe est significatif. Ainsi, dans la diligence, la société rentée occupe le fond de la diligence, c'est-à-dire les meilleures places, comme dans la société. Cornudet et Boule de Suif sont à l'écart, près de la porte. À l'hôtel, Cornudet, le révolutionnaire, continuera d'ailleurs le plus souvent de se tenir à l'écart près de la cheminée. Par ailleurs, l'officier loge dans « la plus belle chambre de l'auberge » (l. 797-798), en haut, alors que les voyageurs se trouvent le plus souvent à la cuisine, en bas. Le vainqueur domine ainsi symboliquement les vaincus.

ÉTAT ACTUEL DE LA SALLE À MANGER DE L'AUBERGE DU CYGNE.
(VOIR LA GRAVURE DE LA PAGE 28.)

Les personnages

Boule de Suif présente un bel échantillon de la société française du Second Empire. Différents milieux sociaux et différentes allégeances politiques sont en présence.

LE COMTE ET LA COMTESSE DE BRÉVILLE

Le comte et la comtesse de Bréville sont des nobles. À l'instar de la noblesse d'alors, ils sont orléanistes, et leur fortune est constituée de terres et de biens immobiliers. Ce sont des gens distingués qui savent tenir leur rang. Le comte, « toujours courtois » (l. 904) et « issu de trois générations d'ambassadeurs » (l. 969), sait rester calme en toutes circonstances. À trois reprises, il intervient auprès de Boule de Suif : dans la diligence, il la calme quand Cornudet insulte Bonaparte ; le premier soir, il l'incite à aller voir l'officier qui l'a fait demander et, enfin, le cinquième jour, il la prend à part et la convainc, tout en restant « galant » et « aimable » (l. 1110-1111), de céder aux avances de l'officier. Quand l'aubergiste lui apprend que Boule de Suif s'est sacrifiée, « Par convenance, il ne dit rien » (l. 1122-1123).

M. ET M^{ME} CARRÉ-LAMADON

La grande bourgeoisie est représentée par les Carré-Lamadon. Propriétaire de trois filatures de coton, M. Carré-Lamadon fait partie de ces bourgeois qui ont profité de la Révolution en accaparant la richesse et le pouvoir jusque-là réservés à la noblesse. S'il est républicain, ce n'est pas tant par conviction politique que parce que cela sert ses intérêts et, s'il s'est opposé à l'empereur, c'est « pour se faire payer plus cher son ralliement » (l. 232-233). Comme les Bréville, les Carré-Lamadon font preuve d'un grand savoir-vivre.

M. ET M^{ME} LOISEAU

Ce n'est pas le cas des Loiseau qui représentent la petite bourgeoisie. Ils n'ont aucun savoir-vivre. M. Loiseau est un parvenu, c'est-à-dire quelqu'un d'origine modeste (il est un ancien commis devenu marchand de vins en gros) qui a acquis l'argent, mais non l'éducation

et les manières des gens de classe supérieure. Quand sa femme laisse éclater son «tempérament populacier» (l. 951) et que lui-même se fâche, c'est le comte qui les calme. Il est le premier à accepter le repas de Boule de Suif dans la diligence (alors que les précédents sont les derniers) et c'est toujours lui qui fait les blagues — souvent grivoises — au cours du récit. Il a une réputation de farceur, mais aussi de filou. Il vend du vin de mauvaise qualité, il triche aux cartes avec sa femme et il vole même un vieux jeu de cartes en quittant l'auberge. L'argent est très important pour les Loiseau. Malgré la situation angoissante, M. Loiseau pense à vendre du vin à M. Follenvie (l. 663-667) et aux débitants de la région (l. 771-772). Sa femme, très économe, ne comprend même pas qu'on puisse plaisanter au sujet d'«argent gaspillé» (l. 355). Elle a «une angoisse» (l. 1127) quand son mari commande du champagne pour fêter la reddition de Boule de Suif. C'est une femme à la «dure carcasse» (l. 697-698) et à l'«âme de gendarme» (l. 456).

LES RELIGIEUSES

Le milieu religieux est représenté, non par quelque haut prélat, mais par «deux bonnes sœurs» (l. 261) qui, à l'image du pouvoir religieux de cette fin du XIXe siècle, sont très effacées. L'une est vieille et l'autre, «très chétive» et «maladive» (l. 265). Elles descendent les premières de la diligence, «habituées à toutes les soumissions» (l. 542). Mais cette soumission, dans les circonstances, apparaît plutôt comme un manque de patriotisme. Les religieuses sont souvent absentes, car elles passent «leurs journées dans l'église ou chez le curé» (l. 893-894) et, quand elles sont là, elles se tiennent souvent «immobiles» (l. 368), la tête baissée et se taisent, «ne sembl[ant] point entendre, perdues en des pensées profondes» (l. 1032-1033). Quand elles parlent, elles «balbuti[ent]» (l. 404) des remerciements ou elles «marmott[ent]» des prières (l. 262 et 1257). Étonnamment, quand la plus âgée prend la parole — une seule fois —, elle devient verbeuse; son discours, qui vise à faire céder Boule de Suif, n'en est que plus percutant. À l'instar du clergé de la fin du XIXe siècle, elles n'ont pas de pouvoir, mais acceptent de seconder, au besoin et sur demande (c'est la comtesse qui l'invite à parler) le pouvoir en place.

CORNUDET

Cornudet « le démoc » (pour démocrate) représente tous les révolutionnaires qui, depuis 1789, ont travaillé à l'instauration de la République. Même s'il est « inoffensif et serviable » (l. 279-280), il est la « terreur des gens respectables » (l. 270-271), car il est un républicain de gauche (contrairement à M. Carré-Lamadon, qui est de droite) qui s'oppose au pouvoir établi représenté par les trois couples. Aussi se tient-il généralement à l'écart. Il refuse d'accompagner les trois autres hommes quand ils montent voir l'officier, le lendemain de leur arrivée, ne va pas se promener avec les autres le surlendemain et, « complètement étranger à cette affaire » (l. 996-997), ne participe pas à la conspiration le jour suivant. S'il accepte, une fois, de jouer au trente et un, la plupart du temps il reste seul à boire de la bière et à fumer la pipe près de la cheminée. Quand les autres fêtent leur victoire, il reste silencieux et se dissocie de leur geste : « Je vous dis à tous que vous venez de faire une infamie ! » (l. 1175). Pourtant, malgré cette réprobation, Cornudet n'aide pas Boule de Suif. Ce faisant, son attitude ressemble à celle de nombreux révolutionnaires qui, tout en se disant du côté du peuple, lui en voulaient de ne pas suivre leur mouvement de gauche. Mais, ainsi que le suggère Loiseau, il agit peut-être simplement par représailles contre Boule de Suif qui a repoussé ses avances. À la fin, Cornudet siffle *La Marseillaise*. Ce chant, en 1870, n'est pas encore l'hymne national qu'il deviendra en 1879 ; c'est un chant révolutionnaire qui ne peut qu'offusquer les notables. Dès lors, il prend une valeur de protestation et même de condamnation.

BOULE DE SUIF

Boule de Suif, surnom de Élisabeth Rousset, est une femme galante, c'est-à-dire une prostituée qui choisit ses clients chez les gens « bien » (même si M^{me} Loiseau mentionne qu'elle a couché avec un cocher) et qui vit dans une certaine aisance matérielle ; elle possède une maison « pleine de provisions » (l. 465) et elle a une bonne. Comme toute prostituée, Boule de Suif vit en marge des gens qui ont « de la religion et des principes » (l. 259) et qui cherchent à se protéger

de son immoralité. Elle possède les caractéristiques généralement attribuées aux prostituées du XIXᵉ siècle.

Boule de Suif représente le peuple, sacrifié pendant la guerre de 1870-1871. Comme lui, elle est envoyée au front et subit le « corps à corps » avec le Prussien.

DES PERSONNAGES CONTRASTÉS

Boule de Suif est seule en face des neuf autres voyageurs qui ont en commun un certain nombre de caractéristiques qui lui sont opposées. Alors qu'ils sont vaniteux, lâches, hypocrites et égoïstes, Boule de Suif, au contraire, est humble, courageuse, sincère et généreuse.

Vaniteux/humble

Boule de Suif est consciente de son infériorité sociale et fait preuve d'une grande humilité. Ainsi, c'est d'« une voix humble et douce » (l. 401) qu'elle offre son repas aux religieuses et c'est en « balbuti[ant] », « rougissante et embarrassée » (l. 433), qu'elle « os[e] offrir » la même chose aux deux couples au faîte de l'échelle sociale, les Bréville et les Carré-Lamadon. Pourtant, elle ne demande pas ; elle offre ! Plus tard, quand les autres l'incitent à répondre favorablement à la demande de l'officier, c'est sans doute par naïveté mais aussi par respect pour leur supériorité sociale qu'elle ne dit rien. Le lendemain de sa nuit avec l'officier, c'est « timidement » et « humblement » qu'elle s'avance vers eux et qu'elle salue Mᵐᵉ Carré-Lamadon (l. 1217-1223).

La plupart des autres voyageurs sont très imbus d'eux-mêmes. Tout chez les Bréville et les Carré-Lamadon est grand. M. de Bréville, de « grande tournure » (l. 242), traite Boule de Suif « du haut de sa position sociale » (l. 1102) et sa femme au « grand savoir-vivre » lui montre de la « condescendance aimable » (l. 453-454). Le comte, soucieux de paraître plus grand encore, cherche à « accentuer, par les artifices de sa toilette, sa ressemblance naturelle avec le roi Henri IV » (l. 242-244). Quant à M. Carré-Lamadon, « homme considérable » (l. 229), sa fatuité apparaît lorsque, après avoir écrit son nom sur la carte de visite que le comte envoie à l'officier, il ajoute « tous ses titres » (l. 786), en homme habitué à ce que ceux-ci lui ouvrent toutes

les portes. Quant à Cornudet, il a la vanité de ceux qui croient posséder la Vérité. Maupassant le compare à un prêtre ; sa religion est la Révolution. Quand MM. Bréville et Carré-Lamadon discutent politique, il les écoute sans même se donner la peine d'émettre une opinion, car il « sait le mot des destinées » (l. 778). Il se contente de boire sa bière « d'un air satisfait » (l. 768).

Lâches/courageuse

À l'instar d'Adrienne Legay (voir la page 129), qui avait planté un drapeau noir devant sa porte quand les Prussiens étaient entrés dans Rouen, Boule de Suif est patriotique et courageuse ; elle a sauté à la gorge d'un Prussien venu habiter chez elle. Les gens riches, quant à eux, se sont servis de l'influence des officiers allemands pour obtenir l'autorisation de quitter Rouen ; leurs intérêts passent avant ceux de la patrie. En quittant Rouen, Boule de Suif perd sa maison ; eux fuient pour sauver leur argent. Arrivée à Tôtes, elle descend la dernière de la diligence et, alors que M. Loiseau salue l'officier allemand, elle se montre hautaine. Plus tard, elle refuse de parler à l'officier qui l'a fait demander ; c'est le comte qui l'incite à y aller par peur de « difficultés considérables ». En déclarant qu'« Il ne faut jamais résister aux gens qui sont les plus forts » (l. 587-588), il montre toute sa couardise. Même si Cornudet approuve son patriotisme et s'il conserve la même dignité qu'elle en descendant de la diligence, il est aussi lâche que les autres. Avant l'invasion prussienne, il s'était occupé d'organiser la défense de Rouen, mais, « à l'approche de l'ennemi […], il s'était vivement replié vers la ville » (l. 283-284). Comme les autres, Cornudet fuit les Prussiens. Sa bravoure s'exprime en paroles, pas en actes. Au récit de Boule de Suif qui a attaqué un Prussien, il ne peut opposer qu'un discours creux prononcé « d'un ton doctrinaire » (l. 481-482).

Hypocrites/sincère

Au début de la nouvelle, il est dit que les six voyageurs bien nantis sont « des honnêtes gens autorisés qui ont de la religion et des principes » (l. 258-259). La suite nous apprend que leur moralité et leur respectabilité ne constituent qu'une façade hypocrite. Alors que Boule

de Suif sait faire montre d'«émotion vraie» (l. 462), tous les comportements des six voyageurs sonnent faux. Et sa piété sincère, quand elle assiste au baptême, contraste étrangement avec celle, toute mécanique, des religieuses.

L'attitude des voyageurs à l'égard de Boule de Suif varie selon qu'ils ont — ou non — besoin d'elle. Dans la diligence, ils ne commencent à lui parler que lorsqu'elle sort son panier de provisions ; la conversation se refroidit à la fin du repas. Le premier soir, quand elle accepte d'aller parler à l'officier, la comtesse lui prend la main ; c'est pourtant cette même comtesse que, le matin du départ de Tôtes, son mari le comte éloignera du «contact impur» (l. 1220) de Boule de Suif. Si les voyageurs sont aimables avec elle, durant leur conspiration, c'est pour augmenter «sa confiance et sa docilité à leurs conseils» (l. 1008-1009). Après son sacrifice, loin de la remercier (alors que, la veille, le comte l'avait pourtant assurée de toute leur reconnaissance), ils l'ignorent et la rejettent. Même ses pleurs ne les atteignent pas. Insensible à sa peine, M^me Loiseau affirme que Boule de Suif «pleure sa honte» (l. 1303) alors que ce sont eux qui devraient se sentir honteux de leur cruauté.

L'arme suprême de ces êtres hypocrites, c'est le langage. Les noms dont on désigne Boule de Suif en témoignent. La «charmante compagne» (l. 412) qui les nourrit dans la diligence devient une «gueuse» (l. 953) quand elle refuse de se donner à l'officier et redevient «ma chère enfant» (l. 1101) dans la bouche du comte qui fait une dernière tentative pour l'amadouer et la faire changer d'avis. Au déjeuner et au dîner du quatrième jour, on oriente habilement la conversation de façon à infléchir la décision de Boule de Suif. On utilise des «termes voilés» (l. 1023), une «paraphrase édifiante» (l. 1064), on cite des exemples propres à faire changer Boule de Suif d'avis, mais sans jamais lui demander ouvertement de le faire. Au dîner, comble de l'hypocrisie, c'est la plus âgée des religieuses qui mène l'offensive et qui incite Boule de Suif à commettre ce qui est pourtant considéré comme un péché aux yeux de sa religion (p. 45-46).

L'ironie du sort, c'est que les femmes qui s'écartent d'elle le lendemain de sa nuit avec l'officier (alors qu'elles l'ont elles-mêmes poussée dans son lit) ne sont pas si honnêtes qu'elles le prétendent.

On devine que, derrière la mystérieuse histoire du mariage du comte avec la fille d'un petit armateur, se cache quelque désordre moral. M^me Carré-Lamadon, qui se sent outragée du bonjour de Boule de Suif ce matin-là, est pourtant la « consolation des officiers » (l. 235-236) ; elle a sûrement trompé son mari à plusieurs reprises. Elle se permet de trouver l'officier prussien « pas mal du tout » (l. 928) et « sembl[e] même penser qu'à [la] place [de Boule de Suif] elle refuserait celui-là moins qu'un autre » (l. 989-990). On devine que Boule de Suif ne se permet pas ce genre de pensée tant sa colère et son indignation sont grandes, ce qui la rend moralement supérieure à cette « grande » dame. Elle n'aurait d'ailleurs jamais accepté de coucher avec l'officier si on ne l'y avait poussée. La preuve, c'est que la seule présence des Prussiens dans l'hôtel lui fait repousser les avances de Cornudet. Mais alors qu'elle cède pour leur rendre service, ce sont eux qui jouissent de la situation. Aussitôt qu'ils apprennent sa reddition, « une joie égrillarde empli[t] les cœurs » (l. 1129). Et alors qu'on imagine volontiers que Boule de Suif ne prend pas plaisir à son sacrifice, ils ont des « pensées grivoises » (l. 1152) et s'amusent des blagues de mauvais goût de Loiseau. Cornudet seul ne s'amuse pas, ce qui ne le rend pas moins hypocrite si l'on donne raison à Loiseau (et on peut sans doute le faire au moins en partie) qui affirme que son indignation est motivée par la jalousie.

Les thèmes

Deux thèmes sont particulièrement importants dans la nouvelle : la guerre et la nourriture.

LA GUERRE

« Le plus stupéfiant, c'est que la société tout entière ne se révolte pas à ce seul mot de guerre. »

Maupassant, *Gil Blas*, 11 décembre 1883.

La guerre franco-prussienne

Maupassant a rapporté de la guerre de 1870 des visions cauchemardesques et un dégoût profond pour la guerre à tout jamais associée à la bêtise, à la cruauté et à la folie meurtrière des hommes.

Ce dégoût éclate ici dans la question de M^{me} Follenvie : « Vraiment, n'est-ce pas une abomination de tuer des gens […] ? » (l. 642-643). Comme dans ses autres récits de guerre (une vingtaine), Maupassant ne met pas en scène des batailles, mais l'invasion et l'occupation. Lorsque, au matin du deuxième jour, les hommes se mettent à la recherche du cocher, c'est ce spectacle de l'occupation qui s'offre à eux alors que les soldats vainqueurs vaquent aux travaux ménagers chez les vaincus qui les hébergent : « […] entre pauvres gens, faut bien qu'on s'aide… » (l. 728-729), conclut le bedeau. Ce que Maupassant évoque, c'est la France vaincue, humiliée et les réactions des Français face aux vainqueurs, particulièrement celles des petites gens qui font preuve de la plus grande bravoure[1], telle, ici, Boule de Suif.

La guerre entre Boule de Suif et les autres voyageurs

La guerre franco-prussienne est incarnée par Boule de Suif et l'officier. Celui-ci n'a pas d'identité propre ; il n'est jamais nommé et possède les caractéristiques des vainqueurs : il est arrogant et tyrannique. Il parle avec un fort accent allemand. On le voit très peu ; pourtant, sa présence est constante.

Ce vainqueur exploite ici l'opposition naturelle entre Boule de Suif et les gens mieux nantis. En refusant d'accéder à la demande de Loiseau « de garder Boule de Suif toute seule, et de laisser partir les autres » (l. 945-946), il se sert des voyageurs pour la décider et fait ainsi d'eux ses complices. La guerre véritable, au centre de ce récit, c'est celle que livrent les voyageurs à Boule de Suif. Complaisants devant le vainqueur, ils se montrent redoutables devant une pauvre fille naïve. Dans cette guerre, il est notable que ce sont les classes dominantes d'avant la Révolution, le clergé (les religieuses) et la noblesse (le comte), qui apportent les arguments décisifs et qui remportent la bataille finale. Comme si la Révolution française n'était pas achevée. Cornudet reste silencieux et attend son heure.

1. Lire à ce sujet *Mademoiselle Fifi*, *Le Père Milon*, *La Mère Sauvage* et *Deux amis*.

LA NOURRITURE

Pas moins de 11 repas sont mentionnés dans le récit. Si certains ne sont qu'évoqués, cinq d'entre eux occupent une place importante : le premier repas pris dans la diligence, le déjeuner et le dîner du quatrième jour alors qu'on attaque sérieusement Boule de Suif, le dîner du cinquième jour qui marque l'heure de la victoire et le deuxième repas pris dans la diligence.

Mais le repas central du récit est métaphorique ; c'est celui que les voyageurs offrent à l'officier prussien, soit Boule de Suif elle-même. Le surnom même de la courtisane la désigne comme un produit comestible ; une boule de suif est, en effet, une boule de gras. La description qu'en fait Maupassant accentue ce trait : elle est « grasse à lard », ses doigts sont « pareils à des chapelets de courtes saucisses » (l. 288-289), sa figure est « une pomme rouge ». Il précise même qu'elle est « appétissante » (l. 291). De quoi faire saliver l'officier prussien ! Déjà, dans la diligence, quand les voyageurs ont faim, Loiseau, songeant à la chanson *Il était un petit navire* où l'on tire à la courte paille pour savoir qui sera mangé, suggère « de manger le plus gras des voyageurs » (l. 363-364). Cette allusion à Boule de Suif annonce la suite du récit alors que les voyageurs la consommeront, par personne interposée, en l'offrant en pâture à l'officier. Car, dès leur premier repas, les voyageurs apparaissent comme des bouches voraces : « Les bouches s'ouvraient et se fermaient sans cesse, avalaient, mastiquaient, engloutissaient férocement » (l. 407-408). L'adverbe « férocement » ajoute à l'impression troublante d'être en face de carnassiers déchiquetant leur proie. À ce stade du récit, la vraie proie reste à consommer. Quand, plus tard, les trois femmes « honnêtes » commencent à conspirer contre Boule de Suif, elles le font « avec la sensualité d'un cuisinier gourmand qui prépare le souper d'un autre » (l. 981-982). Et quand cet autre, l'officier, mange enfin ce souper, c'est-à-dire Boule de Suif, les cuisiniers voyageurs mangent aussi, participant ainsi symboliquement au déchiquetage de la proie.

L'écriture

Le récit est écrit à la troisième personne par un narrateur externe généralement omniscient qui sait, par exemple, que, en écoutant M^me Follenvie parler de la guerre, le comte « [...] song[e] à l'opulence qu'apporteraient dans un pays tant de bras inoccupés [...] » (l. 659-660). Ailleurs, cependant, il restreint ce pouvoir de lire dans les pensées en utilisant des verbes ou des adverbes qui l'atténuent. Ainsi, il écrit que les religieuses offrent « sans doute » au ciel la souffrance occasionnée par la faim (l. 368), que M^me Carré-Lamadon « semblait » (l. 989) penser qu'à la place de Boule de Suif elle accepterait de passer une nuit avec l'officier. Ailleurs, il se contente d'émettre des hypothèses quant aux raisons qui poussent la vieille religieuse à participer à la conspiration. Est-ce « l'effet d'une inintelligence heureuse, d'une secourable bêtise » (l. 1054-1055) ? Il ne tranche pas la question.

Ce narrateur externe n'est cependant pas objectif ; il prend nettement parti pour Boule de Suif contre les autres voyageurs qui la sacrifient. Les procédés stylistiques qu'il utilise pour décrire chacun varient en fonction de leur personnalité. Ainsi, c'est sans détour qu'il affirme que M. Loiseau est un « fripon madré » et un « filou » (l. 212 et 214) et que M^me Loiseau a « une âme de gendarme » (l. 456) et est « de la nature des orties » (l. 1195-1196). Cette façon de dire, directe, correspond bien à ces petits-bourgeois sans éducation qui manquent souvent de retenue et qui sont peu versés dans l'art de préserver les apparences. À l'égard des autres personnages, le narrateur fait montre d'une ironie souvent cinglante. Dans le cas des Bréville et des Carré-Lamadon, il utilise volontiers l'euphémisme et l'antiphrase qui conviennent bien à ces personnages habitués à utiliser eux-mêmes abondamment ces procédés de diplomates et ces « précautions du langage » (l. 977-978). Ainsi, le lecteur comprend que l'« honorabilité indiscutée » (l. 1102-1103) du comte est au contraire très discutable et remise en question par le narrateur qui fait ainsi une antiphrase. Les périphrases « honnêtes gens autorisés qui ont de la religion et des principes » (l. 258-259), « gens comme il faut » (l. 495), « femmes honnêtes » (l. 299) sont également autant d'antiphrases[1] qui tournent en

1. L'antiphrase est un procédé qui consiste à dire le contraire de ce que l'on veut faire entendre.

dérision la pseudo-moralité des personnages qu'elles désignent. Quand le narrateur affirme, par ailleurs, que M^me Carré-Lamadon est la « consolation des officiers » (l. 235-236), l'emploi de cet euphémisme[1] est particulièrement heureux puisqu'il ajoute l'idée d'hypocrisie à la réalité de ses infidélités conjugales. Dans le cas de Cornudet qui boit sa bière avec « l'air de remplir l'unique fonction pour laquelle il [est] né » (l. 613-614) et des religieuses, ces « saintes filles habituées à toutes les soumissions » (l. 542), l'ironie va souvent jusqu'au sarcasme.

L'écriture de Maupassant est très sensuelle. Ses récits sont remplis de sons, d'odeurs, de jeux d'ombres et de lumières. La neige « se déroul[e] sous le reflet mobile des lumières » (l. 511-512), la pipe de Cornudet « embaum[e] la cuisine » (l. 778), le froid « piqu[e] cruellement le nez et les oreilles » (l. 895-896), etc. Ce sont souvent des sensations qui renseignent les personnages sur une situation donnée. Ainsi, ce sont aux « heurts d'un fourreau de sabre sur le sol » (l. 523) que les voyageurs arrivés à Tôtes comprennent qu'un Allemand les attend à la descente de la diligence et c'est à un « bruit sourd et prolongé, avec des tremblements de chaudière sous pression » (l. 703-704), qu'ils reconnaissent que M. Follenvie s'est endormi. La nouvelle se termine sur une sensation auditive, celle des sanglots de Boule de Suif auxquels se superpose le « sifflement vengeur et monotone » (l. 1322-1323) de *La Marseillaise*.

1. L'euphémisme est un procédé qui consiste à atténuer l'expression d'une réalité.

LA PARURE [1]

La structure

La Parure est divisée en sept sections séparées, dès l'édition originale, par des astérisques. Elle aurait pu se terminer avec la sixième partie dont le dernier paragraphe, une méditation sur le destin, ressemble fort à une conclusion. Mais cette méditation sert plutôt de tremplin à la septième partie qui confère à ce destin déjà dramatique une coloration absurde qui le rend plus dramatique encore. Le lecteur comprend que le « peu de chose » de la dernière phrase de la sixième partie se réfère à la perte du collier. Après la rencontre avec M^{me} Forestier, ce « peu de chose », c'est plutôt de n'avoir pas su que le collier ne valait que 500 francs. Le récit se termine ainsi sur une chute spectaculaire et, loin de conclure, Maupassant le laisse ouvert. En effet, il ne dit rien de la réaction de Mathilde ni de celle de son mari auquel elle communique sûrement la nouvelle. M^{me} Forestier leur rendra-t-elle le collier ? Combien le vendront-ils ? Au lecteur d'imaginer la suite de leur vie.

Le cadre spatio-temporel

LE TEMPS

Le récit respecte l'ordre chronologique. La première partie se réfère à un temps imprécis qui est celui de la vie de Mathilde jusqu'au moment de l'invitation fatidique. Cette vie occupe 1 1/2 page. Mais l'essentiel du récit, les deux tiers, concerne les jours qui précèdent la fête, la fête elle-même et les démarches du couple jusqu'au moment où Mathilde rend la parure à son amie. Les 10 années suivantes sont résumées en une page, et la scène finale compte également une page. L'accent est donc mis sur les événements entourant la fête qui bouleverse la vie des Loisel. L'équivalence du nombre de pages des deux dernières parties, c'est-à-dire entre les 10 années de misère et la rencontre de M^{me} Forestier, fait davantage ressortir le côté dramatique de ces 10 ans.

1. *La Parure* a d'abord été publiée dans *Le Gaulois* en 1884.

L'ESPACE ET LES OBJETS

Les lieux où évoluent les personnages reflètent leur condition sociale. Le logement des Loisel est pauvre et contraste avec les « grands salons vêtus de soie ancienne » (l. 21-22). À la « misère [de leurs] murs » (l. 13-14) s'opposent les murailles ornées de tapisseries représentant « une forêt de féerie » (l. 31). Tous les objets qu'évoque Mathilde dans la première partie traduisent son désir d'ascension sociale : « hautes torchères de bronze » (l. 19), « larges fauteuils » (l. 20), « meubles fins portant des bibelots inestimables » (l. 22-23), « argenteries reluisantes » (l. 29-30) et « vaisselles merveilleuses » (l. 32). Plus loin, quand elle quitte le bal, ses « modestes vêtements » s'opposent aux « riches fourrures » (l. 139-142) des autres femmes et la ramènent à sa « vie ordinaire » (l. 139).

Mais l'objet symbolique par excellence, c'est la rivière de diamants qui représente les deux aspects de la haute bourgeoisie à laquelle Mathilde rêve d'appartenir : sa richesse, parce qu'elle semble cher, et son côté prétentieux et artificiel, parce qu'elle est fausse. Le titre même de la nouvelle est symbolique. Maupassant aurait pu choisir de l'intituler, par exemple, *Le Collier,* ne faisant ainsi que nommer l'objet central du récit. En choisissant « la parure », il ajoute l'idée que le collier pare, c'est-à-dire crée une belle apparence. Dans la mesure où Mathilde rêve de bien paraître, et non d'être, le mot « parure » représente bien les aspirations de son héroïne.

Les personnages

Trois personnages importent dans cette nouvelle : M. et M^me Loisel et M^me Forestier. Les autres ne sont que des figurants. Les deux premiers appartiennent à la petite bourgeoisie ; le troisième, à la haute bourgeoisie.

MATHILDE LOISEL

Tout le drame tient à ce que M^me Loisel aspire à faire partie de la classe sociale qui lui est supérieure alors que le destin l'amène à vivre comme la classe sociale qui lui est inférieure. Cette femme qui se sentait née pour « tous les luxes » (l. 13) devient « la femme forte,

et dure, et rude, des ménages pauvres » (l. 247-248). La nouvelle s'ins-
crit dans une société fortement hiérarchisée où le passage d'une classe
sociale à l'autre s'effectue par l'argent. Or, l'argent appartient aux
hommes. Au XIX^e siècle, en France, une femme ne peut changer seule
de classe sociale. Elle ne peut ni s'instruire ni exercer une profession
prestigieuse. Son destin dépend de la dot que lui donne — ou non —
son père et qui oriente le choix d'un mari qui, lui, l'inscrit dans la
classe sociale à laquelle il appartient. C'est parce que Mathilde n'a pas
de dot qu'elle ne peut épouser l'« homme riche et distingué » dont elle
rêve et qu'elle voit ses ambitions réduites à la taille du petit commis à
qui « elle se laiss[e] marier » (l. 4), apparemment sans plaisir. N'ayant
pas les moyens de ses ambitions, Mathilde ne peut que rêver, à l'ins-
tar d'Emma Bovary, héroïne du plus célèbre roman de Gustave
Flaubert. La ressemblance entre les deux personnages est frappante :
toutes deux sont mariées à un homme médiocre incapable de leur
apporter le raffinement qu'elles souhaitent et toutes deux sont invi-
tées à un bal qui les grise et dont elles rêveront longtemps après.

Mathilde ne veut pas faire plaisir, mais plaire ; l'amour occupe peu
de place dans sa vie. Ainsi, elle préfère ne pas voir M^{me} Forestier et se
priver de son amitié plutôt que de souffrir de dépit devant la richesse
de son amie. Elle semble également insensible à l'amour de son mari
et aux efforts qu'il déploie pour lui faire plaisir. Quand il lui donne
l'invitation au bal, elle le regarde « d'un œil irrité », au lieu de le
remercier. Quand il accepte de lui donner 400 francs, elle ne se soucie
pas de savoir si ce don l'oblige à quelque privation ; elle adopte plutôt
une attitude calculatrice en « songeant [...] à la somme qu'elle pou-
vait demander sans s'attirer un refus immédiat » (l. 74-76). La scène
où Mathilde se regarde dans le miroir, chez M^{me} Forestier, est sans
doute celle qui la représente le mieux. Elle vient de découvrir la rivière
de diamants qu'elle a attachée à son cou et, tel Narcisse, elle
« demeur[e] en extase devant elle-même » (l. 119). Mais, juste retour
des choses, c'est également devant le miroir qu'elle découvre sa
déchéance. Au retour du bal, elle veut « se voir encore une fois dans
sa gloire » (l. 157), et c'est devant son miroir qu'elle se rend compte
qu'elle a perdu le collier. Le miroir censé lui renvoyer sa gloire lui
renvoie sa déchéance. Ce récit est très moral : Mathilde est punie par

où elle a péché. Car, ce qui entraîne sa perte, ce sont son orgueil et sa vanité. C'est parce qu'elle ne veut pas « avoir l'air pauvre au milieu de femmes riches » (l. 98-99) qu'elle emprunte le collier de M^me Forestier ; c'est parce qu'elle ne veut pas qu'on la voie avec ses vêtements modestes qu'elle se sauve, à la fin du bal, et perd le collier ; c'est parce qu'elle craint de passer pour une voleuse qu'elle n'avoue pas à M^me Forestier qu'elle a perdu son bijou. En un mot, c'est pour avoir voulu sauver les apparences que Mathilde est condamnée à 10 ans de travaux forcés.

Cette descente aux enfers, par ailleurs, la fait évoluer. D'abord assommée et sans réaction devant le malheur qui l'accable, Mathilde devient héroïque quand elle en prend son parti. Au lieu de pleurer sur son sort comme elle le faisait depuis le début, c'est sans rechigner qu'elle effectue les travaux réservés jusque-là à sa domestique. Le désir de rembourser sa dette balaie ses rêves d'ascension sociale. La grandeur morale remplace la grandeur sociale.

M. Loisel

M. Loisel représente les fonctionnaires que Maupassant a bien connus quand il travaillait au ministère. L'épithète « petit », qui accompagne le mot « commis » qui désigne sa fonction sociale (l. 5), témoigne de sa médiocrité. Un pot-au-feu l'enchante ; « [...] je ne sais rien de meilleur que cela... » (l. 28-29), dit-il à son épouse qui, elle, trouverait bien meilleures « la chair rose d'une truite ou des ailes de gélinotte » (l. 34). Le principal plaisir de M. Loisel semble être la chasse aux alouettes avec ses amis. Aussi pendant qu'elle « dans[e] avec ivresse », lors du bal, dort-il « dans un petit salon désert » (l. 136). Au retour, sa principale préoccupation est de se retrouver au ministère à 10 h le lendemain. Son manque d'ambition est compensé par une certaine grandeur d'âme. Il semble aimer sa femme, qu'il appelle « ma chérie » (l. 52), se donne une « peine infinie » (l. 53) pour obtenir une invitation au bal, renonce aux 400 francs qu'il se réservait pour la chasse, ne lui fait aucun reproche quand elle perd le collier, sacrifie son héritage de 18 000 francs, « comprom[et] toute la fin de son existence » (l. 215) et travaille d'arrache-pied pendant 10 ans pour rendre l'argent emprunté.

JEANNE FORESTIER

Le personnage de Jeanne Forestier n'est pas très défini. Elle représente ce que Mathilde aimerait être, une femme riche, et, à la fin, ce qu'elle n'est plus, une femme « toujours jeune, toujours belle, toujours séduisante » (l. 259). Elle est, par ailleurs, capable de générosité (elle lui prête le collier sans aucune réticence) et de compassion lorsqu'elle apprend le drame de la vie de son amie.

L'écriture

Comme *Boule de Suif, La Parure* est écrit à la troisième personne par un narrateur externe qui raconte l'histoire au passé. L'imparfait de la première partie rend compte d'une durée, celle des mêmes rêves inscrits dans la même vie médiocre qui se répète jour après jour. L'emploi du passé simple au début de la deuxième partie ainsi que des mots « un soir » indiquent une cassure. La narration de faits précis commence ; elle se poursuivra principalement au passé simple jusqu'à la fin. Le présent se retrouve dans les dialogues qui occupent un peu plus du tiers du récit et qui lui confèrent de la vivacité.

Comme dans *Boule de Suif,* aussi, Maupassant sait utiliser l'art du contraste. Nous avons vu que les lieux et les objets s'opposent ; les personnages aussi. L'égoïsme de Mathilde s'oppose à la générosité de son mari ; son ambition, à sa médiocrité. Quand vient le temps de payer la dette, par ailleurs, ce contraste s'efface, ce que traduit l'utilisation du pronom indéfini « on » : « On renvoya la bonne ; on changea de logement ; on loua sous les toits une mansarde » (l. 230-231). Les deux époux s'attellent à la même tâche de remboursement, et leur dur labeur les condamne à un enfer commun. Quant aux deux femmes, si elles ont en commun d'avoir étudié au même couvent, elles appartiennent maintenant à deux milieux sociaux différents ; l'une est riche et l'autre, modeste puis pauvre.

Un contraste existe également entre l'écriture des parties narratives et celle des dialogues. Les premières contiennent de nombreuses phrases longues où abondent les énumérations et entrecoupées de virgules et de points-virgules qui leur confèrent un rythme souvent ternaire ou quaternaire. Les dialogues emploient plutôt des phrases courtes qui vont à l'essentiel et qui traduisent l'émotion des personnages.

LE HORLA

La structure

Maupassant a écrit deux versions du *Horla*. Dans la première, publiée dans le *Gil Blas* en octobre 1886, un médecin invite un de ses patients fous à faire le récit des événements qui l'ont conduit à la ville. Pour l'essentiel, ces événements se trouvent aussi dans la seconde version, beaucoup plus longue, publiée en mai 1887 dans un recueil auquel *Le Horla* donne son titre. Cette fois, le narrateur rédige un journal intime dans lequel il note les événements à mesure qu'ils surviennent. Il n'y a plus d'intermédiaire entre le personnage et le lecteur ; celui-ci s'identifie donc plus aisément à celui-là et ressent davantage la montée de sa peur. L'effet dramatique est décuplé.

Le journal comprend 39 entrées dont la plus courte, celle du 9 août, compte 5 mots et la plus longue, celle du 16 juillet, plus de 5 pages. Il correspond au schéma narratif suivant.

ÉTAPES	HISTOIRE	MOMENT DE L'ACTION	MOMENT DU RÉCIT
Situation initiale	Le narrateur est heureux et tranquille chez lui.	8 mai	8 mai
Élément déclencheur	Élément non perçu : l'arrivée du Horla. Élément perçu : souffrance du narrateur.	8 mai	8 et 12 mai
	Le narrateur cherche la cause de son mal en lui. Il décrit sa maladie, consulte un médecin et suit un traitement.	Du 12 mai au 3 juin	12, 16, 18 et 25 mai, 2 et 3 juin
Péripéties :	Première fuite : voyage au mont Saint-Michel. Un moine lui parle de l'existence d'êtres invisibles.	Du 3 juin au 2 juillet	2 juillet
quête de la	Il commence à situer la cause de son mal à l'extérieur de lui. La nuit, il sent « quelqu'un » qui boit sa vie entre ses lèvres et constate que « on » a bu de l'eau et du lait laissés dans sa chambre.	Du 3 au 10 juillet	3, 4, 5, 6 et 10 juillet
cause de sa	Seconde fuite : voyage à Paris. Il assiste à une séance d'hypnotisme qui lui apprend qu'un être peut, par suggestion, en dominer un autre.	Du 10 au 29 juillet	12, 14, 16, 19 et 21 juillet
souffrance	Le narrateur acquiert la certitude que la cause est à l'extérieur de lui : un être invisible vit près de lui et le domine mentalement.	Du 29 juillet au 15 août	30 juillet, 2, 4, 6, 7, 8, 9, 10, 11, 12, 13, 14 et 15 août
	Tentative ratée de fuite ; il ne peut se rendre à la gare de Rouen.	16 août	16 août
	Aboutissement de la quête : l'être est identifié. Il peut avoir peur, il vient du Brésil et s'appelle le Horla. Le narrateur le voit dans un miroir.	Du 17 au 19 août	17, 18 et 19 août
Conséquence	Le narrateur veut tuer le Horla. Il l'enferme dans sa chambre et met le feu à sa maison.	Du 20 août au 9 septembre	20 et 21 août et 10 septembre
Situation finale	Échec probable : le narrateur doute que le Horla soit mort. Il pense à se tuer.	10 septembre	10 septembre

Le Horla est construit sur une quête. Le narrateur veut comprendre la cause de sa souffrance et celle des phénomènes étranges qui se déroulent dans sa maison. Même ses deux voyages, dont la première fonction est de fuir le phénomène, le font progresser dans sa quête. Le discours du moine le fait réfléchir sur l'existence d'êtres invisibles et l'amène ainsi à comprendre qu'un tel être séjourne sous son toit. La séance d'hypnotisme lui apprend que cet être s'est emparé de sa volonté. Ainsi, tout en l'éloignant de la souffrance que lui cause le phénomène, les voyages le rapprochent de la compréhension de ce même phénomène. En outre, puisque les phénomènes étranges cessent dès qu'il s'éloigne de chez lui et réapparaissent dès qu'il y revient, les voyages lui permettent d'écarter la thèse de la folie et le préparent (ainsi que le lecteur) à croire en la réalité de l'être invisible.

Cette quête conduit le narrateur au Horla, selon une gradation. Il se croit d'abord malade et fait des cauchemars. Puis, il remarque un premier phénomène étrange : sa carafe d'eau est vide, et il ne sait pas qui l'a bue. Trois autres événements étranges lui permettent de cerner le Horla : une rose est cueillie par ce qui semble être une main invisible, les pages d'un livre se tournent toutes seules et, enfin, point culminant du récit, l'image du Horla se substitue à la sienne dans le miroir de sa chambre. Le narrateur a appris à connaître son ennemi, et cette connaissance constitue une arme. Elle lui permet de l'affronter, car, pour être en mesure de le détruire, « il faut le connaître, le toucher, le voir ! » (l. 704-705). L'affrontement final peut avoir lieu.

À la fin, l'ambiguïté caractéristique des récits fantastiques demeure : le mal est-il à l'intérieur du narrateur ou à l'extérieur ? Est-il fou ou le Horla existe-t-il vraiment ? Tout le récit tend à élucider ce mystère que la dernière phrase laisse pourtant entier. Le récit est parti du narrateur, l'a conduit au Horla et l'a ramené à lui : « [...] il va donc falloir que je me tue, moi !... » (l. 862). Si le narrateur songe à se tuer, est-ce pour échapper à un Horla en dehors de lui ou parce que le Horla est en lui et que cela devient la seule façon de le tuer ?

Le cadre spatio-temporel

LE TEMPS

Un passé récent

La forme du journal implique que le temps soit au centre du récit puisque les moments d'écriture sont datés. Le récit se déroule du 8 mai au 10 septembre d'une année non identifiée, et la narration est linéaire. Le diariste note les événements à mesure qu'ils surviennent, parfois, le jour même et d'autres fois, avec un décalage léger (le lendemain) ou un peu plus important dans le cas du voyage au mont Saint-Michel qu'il ne raconte qu'à son retour, soit le 2 juillet, un mois après son début, le 3 juin.

Le dérèglement du temps

Il est fréquent, dans les récits fantastiques, que le temps se dérègle. Dans *Le Horla*, on note une bizarrerie : les deux occurrences du 19 août. Il est possible qu'un diariste écrive son journal deux fois dans la même journée, mais, s'il le fait, il écrit généralement l'heure à côté de la date, ce qui n'est pas le cas ici. Mais l'étrangeté est ailleurs. À la première occurrence du 19 août, il écrit : « Je viens de lire ceci dans la *Revue du Monde Scientifique* […] » (l. 658-659) et à la seconde : « […] je me suis assis, hier soir, […] » (l. 753). Ce « hier soir » se réfère au soir du 18 août. Si la lecture de la revue date effectivement du 19 août, il faut donc qu'elle soit postérieure à celle de la vision du Horla dans le miroir. Le diariste aurait donc dû en faire le compte rendu après. Or, jusque-là, il a toujours respecté l'ordre chronologique des événements ce qui, d'ailleurs, respecte la loi du genre. Ou il a modifié, sans avertir, sa façon de faire, ou il s'est trompé dans les dates. Or, cette « erreur » correspond à un moment où le diariste semble en proie au délire (relisez la fin du texte de la première occurrence) et aux hallucinations (vision dans le miroir), où son angoisse atteint des sommets.

Le resserrement du temps

Si l'on considère la durée de la narration, on peut diviser le texte en deux parties : avant et après le retour de Paris. Chaque partie compte un nombre similaire d'entrées et de pages : 18 entrées et 14 ½ pages pour la première partie et 21 entrées et 12 pages pour la seconde. Cette division se justifie par une certaine symétrie dans le récit alors que chacune des deux parties commence de la même façon. Le 8 mai, le narrateur écrit : « Quelle journée admirable ! [...] je vois la Seine qui coule » (l. 1-10) et, le 2 août : « [...] il fait un temps superbe. Je passe mes journées à regarder couler la Seine » (l. 467-468).

La première partie relate des événements qui se sont déroulés pendant 10 ½ semaines, soit du 8 mai au 21 juillet, et la seconde, pendant 6 semaines, soit du 30 juillet au 10 septembre. On note donc un resserrement de l'action dans le temps. Le narrateur, qui flânait sous le soleil le 8 mai, peut de moins en moins prendre son temps. Le voyage au mont Saint-Michel dure presque un mois, celui à Paris, 18 jours, et l'escapade à Rouen, quelques heures. Après le retour du narrateur de Paris, les événements s'accélèrent jusqu'au face-à-face ultime. Les plus importants se déroulent en 15 jours, soit du 6 au 21 août, entre l'épisode de la rose et l'incendie de la maison ; or, leur narration occupe près du tiers du journal, soit 10 pages dont la moitié est occupée par les deux récits du 19 août. Ainsi, si la durée de la narration n'est pas proportionnelle à celle du récit, elle l'est à l'importance des événements rapportés. Le temps se resserre, et la tension dramatique augmente.

La nuit

Les personnages du fantastique, les fantômes, morts-vivants et autres vampires, appartiennent à la nuit qui entretient et accentue leur mystère. C'est la nuit que, selon la légende racontée par le moine, « on entend bêler deux chèvres » dans les sables du mont Saint-Michel ; c'est aussi « par les nuits sombres » que les sorciers évoquent « Celui » qui incarne les terreurs millénaires des « peuples naïfs » (l. 680-681). Dans *Le Horla*, la nuit s'oppose au jour et prend peu à peu le pas sur lui. Ainsi que le dit Jean à son maître, « [les] nuits [...] mangent [les] jours » (l. 198-199). Le récit, le 8 mai, s'ouvre sur le soleil

et se termine, le 10 septembre, sur la nuit ; entre les deux, les épisodes de la nuit prennent de plus en plus d'importance, car c'est la nuit que, presque toujours, le Horla se manifeste. Le narrateur est d'abord angoissé à l'approche du sommeil parce qu'il fait ce qu'il croit être d'horribles cauchemars ; une nuit, il sent même quelqu'un, accroupi sur lui, qui boit sa vie. C'est la nuit que le Horla, cet être « que la lumière traverse » (l. 720-721), boit l'eau de la carafe, puis le lait, casse des verres, lit un livre et, enfin, dévore le reflet du narrateur dans le miroir. Seuls deux épisodes, ceux de la forêt de Roumare et de la rose, se passent le jour. Dans le premier, cependant, les arbres recréent la nuit en se refermant au-dessus du narrateur pour former « un toit vert, épais, presque noir » (l. 116-117). Le second constitue la seule exception ; il est « deux heures, en plein soleil » (l. 476). La lumière y joue le rôle de révélateur. Elle permet d'écarter tout doute possible : le narrateur a bel et bien vu une rose se détacher toute seule de l'arbuste. L'épisode ultime a lieu la nuit. C'est à minuit que le narrateur piège le Horla et met le feu à sa maison. Ce soir-là, il n'y a « pas une étoile ». « Tout [est] noir » (l. 822). Quand les flammes embrasent la maison, il semble au narrateur que « le jour se [lève] » (l. 833), ce qui lui fait croire, un instant, que le jour a enfin raison de la nuit. Mais cette victoire est éphémère puisque le narrateur s'avise un peu tard que le corps du Horla, « que le jour travers[e] » (l. 850), est sans doute indestructible.

L'ESPACE

Un espace banal et sécurisant…

À l'instar des autres récits fantastiques de Maupassant, *Le Horla* ne se déroule dans aucun des lieux traditionnels des récits fantastiques gothiques et romantiques : souterrains obscurs, châteaux hantés, labyrinthes, etc. Le lieu évoqué le 8 mai est banal, et l'homme qui y vit, loin de le craindre, lui est profondément attaché. Dans les deuxième et troisième phrases, il ne fait qu'un avec sa maison[1] et le platane qui la « couvre » ; étendu sous lui, il semble même le prolonger puisque c'est lui qui a des racines qui l'ancrent à la terre. Un sentiment de

1. Cette maison ressemble à celle de Flaubert à Croisset. Elle est également blanche et située au bord de la Seine, près de Rouen.

sécurité se dégage de tout le premier paragraphe ; rien ne semble pouvoir ébranler la stabilité de ce lieu et de cette vie. Et pourtant…

… qui devient angoissant

À cet énorme platane, solide et vertical, s'oppose, dès le deuxième paragraphe, la « Seine qui coule », fluide et horizontale. Or, le narrateur le comprendra plus tard, c'est elle qui, en amenant le Horla, entraînera la destruction de ce lieu auquel l'évocation de Rouen, dans le troisième paragraphe, confère une touche idyllique avec ses cloches qui « sonnent dans l'air bleu » et la brise qui transporte leur « chant d'airain » (l. 17). À partir de ce jour (exception faite du 29 juillet au 4 août), il ne sera plus jamais heureux dans ce lieu. Il en viendra même à ne plus pouvoir le dissocier de son angoisse puisque cette dernière disparaît lorsqu'il s'éloigne et réapparaît dès qu'il rentre. Au retour du mont Saint-Michel, il note : « Je suis guéri » (l. 135) et, dès le lendemain : « J'ai mal dormi ; […] » Il en conclut qu'« il y a ici une influence fiévreuse » (l. 194). Son deuxième voyage le conduit à la même conclusion : « Nous subissons effroyablement l'influence de ce qui nous entoure » (l. 463-464). C'est qu'à Paris, sur les boulevards, « au coudoiement de la foule », il est « très gai » (l. 279-280) ; à Bougival, au bal des canotiers, sa croyance en un être surnaturel lui semble « le comble de la folie » (l. 461-462).

L'envahissement de l'espace

Après ces deux voyages, même les promenades du narrateur au bord de l'eau lui causent « un malaise inexplicable » (l. 534). C'est que tout son territoire est envahi : sa maison, mais aussi son jardin où il affirme avoir vu l'invisible pour la première fois, et les alentours. La forêt de Roumare où, le 2 juin, il va innocemment marcher lui cause « un étrange frisson d'angoisse » (l. 118-119) quand elle se referme sur lui. Au platane protecteur ont succédé ces « armées d'arbres » (l. 115-116) qui semblent lui avoir jeté un sort puisqu'il se met, sans raison apparente, à tourner comme une toupie. Son angoisse devient plus forte encore lorsque le Horla envahit son espace mental et qu'il « devient [son] âme » (l. 752), substituant sa volonté à la sienne.

Le rétrécissement et la destruction de l'espace

Comme le temps, l'espace du narrateur s'est peu à peu rétréci. Son premier voyage l'a conduit au mont Saint-Michel, le deuxième, un peu plus près, à Paris, et sa dernière sortie, à Rouen, d'où il a été obligé de revenir chez lui où, jusqu'à l'incendie, on ne le verra plus que dans sa chambre. C'est dans cette chambre que sont réunies les conditions les plus propices à l'apparition du Horla : c'est la nuit, il est seul, l'espace est réduit et souvent fermé à clé, voire à la toute fin, barricadé de persiennes et d'une porte de fer. C'est là aussi — si l'on exclut l'épisode de la rose — qu'ont lieu les moments les plus dramatiques du récit. Le lieu ouvert et idyllique du 8 mai est devenu une prison infernale.

Le récit se termine par la destruction du lieu qui apparaissait pourtant si bien protégé au début du récit : le narrateur brûle sa maison, celle-là même qu'un « énorme platane [...] abrit[ait] et [...] ombrage[ait] » (l. 2-3). Mais l'ombre est un symbole ambigu. Celle du platane renfermait sans doute aussi une menace.

Un monde d'objets et de couleurs

Les objets jouent un rôle prépondérant dans ce récit parce qu'ils révèlent au narrateur la présence du Horla. C'est parce qu'il voit la carafe vide, la rose se casser sur la tige et s'élever dans les airs, les pages du livre tourner toutes seules que le narrateur suppose la présence de quelqu'un. Dans l'épisode du livre, ce sont les objets qui permettent au narrateur de suivre les déplacements de l'être invisible : le siège se renverse (le Horla vient de se lever et il l'a fait avec précipitation), la table oscille et la lampe tombe (dans sa hâte, il a heurté la table), la fenêtre se ferme (il s'est sauvé par la fenêtre). Mais l'objet par excellence, c'est ce miroir dans lequel le narrateur ne se voit pas et qui lui permet d'apercevoir, enfin, l'ennemi qui le traque depuis le début du récit. D'objet banal, il est devenu un objet fantastique.

Les notations de couleurs sont fréquentes dans le récit : le bleu du ciel, le noir de la nuit, le rouge de la rose, le jaune et le rouge de la flamme, etc. Le blanc, couleur des fantômes, est particulièrement important parce qu'il est associé au Horla. Celui-ci arrive sur un bateau blanc, et c'est la blancheur de la maison du narrateur qui l'attire vers elle ; en plus, il aime le lait. Quand, le 9 juillet, le narrateur enveloppe les carafes d'eau et de lait de mousseline blanche, il ne sait pas qu'il l'attire plus sûrement encore.

Les personnages

LE NARRATEUR

Un personnage anonyme

Nous savons peu de choses sur le narrateur. Nous ne connaissons ni son nom ni son âge. Il semble vivre de ses rentes qui sont certainement importantes à en juger par son train de vie : il vit dans une grande maison, a des domestiques et se paie des voyages à volonté. Il fait preuve de curiosité intellectuelle et, sans doute, possède une certaine culture. Il connaît le traité du docteur Hermann Herestauss puisqu'il le demande à la bibliothèque de Rouen et il s'intéresse au discours du docteur Parent sur la folie et l'hystérie. Plusieurs pages de son journal témoignent de sa capacité à jongler avec les concepts, ceux où il réfléchit sur le caractère limité des sens, sur l'existence d'autres êtres, sur la bêtise du peuple qui obéit à des gouvernants qui, eux, obéissent à des principes… C'est également un homme sensuel, sensible « aux odeurs du sol » (l. 8), à « l'air frais, léger et doux » (l. 112), au « frémissement » des « herbes de la rive » (l. 532). C'est surtout un homme seul qui sera victime de sa solitude. À Paris, il note : « Quand nous sommes seuls longtemps, nous peuplons le vide de fantômes » (l. 277-278). Il ne saurait mieux dire que sa solitude est la condition première de l'émergence du Horla. La deuxième est ce manque d'identité, cet anonymat qui le rend vulnérable à l'envahissement de l'autre. Puisqu'il n'est personne, il peut devenir quelqu'un d'autre. Puisqu'il est vide, l'autre peut occuper son espace

intime. C'est ce qui se passe dans l'épisode du miroir ; l'image de l'autre prend la place de la sienne. Pour paraphraser Rimbaud, je est devenu un autre.

Un personnage qui évolue

Jusqu'au 17 août, le narrateur se sent faible face à un Horla tout-puissant qui lui fait peur. Il a une attitude passive : il observe ses états d'âme, qui oscillent entre la gaieté et l'angoisse, il réfléchit, il fuit il ne sait quoi lors de deux voyages successifs et, surtout, il se laisse envahir et dominer par le Horla au point de devenir « un spectateur esclave » (l. 568-569). Sa tentative ratée de fuite, le 16 août, amène un retournement de situation : puisqu'il ne peut plus échapper au Horla, le narrateur devra l'affronter. C'est ce qu'il fait dès le lendemain, le 17 août. À la vue des pages de son livre qui tournent toutes seules, il devient furieux et, telle une « bête révoltée », il bondit sur son « dompteur » (l. 643-644) avec l'intention de le tuer. À son grand étonnement, il se rend compte que celui-ci a peur et se sauve. Cette révélation renforce sa puissance en diminuant celle de son ennemi. À partir de là, le narrateur, jusque-là passif, soumis au bon vouloir de son ennemi, devient actif ; il pense à le tuer et l'attaque.

LE HORLA

Son nom

Le Horla n'est nommé que très tard dans le récit, le 19 août, alors qu'il souffle lui-même son nom au narrateur qui l'écrit sous sa dictée. Avant cette date, le narrateur le désigne de noms génériques (être, être invisible, « inconnaissable », « rôdeur d'une race surnaturelle ») (l. 587), ou de pronoms d'abord indéfinis (quelqu'un, on), puis, après l'avoir vu dans l'épisode de la rose, personnels (il, lui) et démonstratif (celui, avec ou sans majuscule).

Il serait trop long de dresser ici la liste des très nombreuses hypothèses qui ont été avancées quant à la signification du mot « Horla ». L'une d'elles évoque la ressemblance du nom avec le mot « horsain » qui signifie « étranger » dans le dialecte normand. La plus fréquente

et la plus collée au mot met en évidence le fait qu'il est composé de la préposition « hors » et de l'adverbe « là ». L'être invisible est hors de toutes les façons : hors la France puisqu'il vient du Brésil, hors la race humaine et hors de la portée du narrateur qui ne l'appréhende que très difficilement et très partiellement. Mais il est aussi là, à côté du narrateur et en lui. Car le Horla, c'est aussi le narrateur, la partie mauvaise de son moi qu'il a expulsée, devenant ainsi, littéralement, hors de lui.

Un être imperceptible par les sens

Le lecteur n'appréhende le Horla qu'à travers le narrateur qui met beaucoup de temps à le connaître puisque celui-ci est invisible. À de nombreuses reprises, le narrateur se plaint du pouvoir limité de « ses sens grossiers et imparfaits » (l. 317) — et en particulier de la vue — que « Mille choses […] trompent et […] égarent » (l. 719). Le Horla est l'une de ces « choses ». Aussi est-ce l'effet de sa présence que le narrateur appréhende d'abord et non le Horla lui-même ; il a de la fièvre et se sent triste. Puis, c'est paradoxalement par l'absence qu'il acquiert la certitude de sa présence. Si la carafe est vide, si la rose s'élève dans l'air, si les pages du livre tournent, c'est que « quelqu'un » a bu l'eau, est en train de cueillir la rose et de lire le livre. Surtout, si le narrateur ne se voit pas dans le miroir, c'est qu'un être s'interpose entre le miroir et lui.

Un être multiforme

Puisque les sens ne peuvent appréhender le Horla, c'est par association qu'il est révélé. Il est comme le bourreau (l. 87) qu'on attend, comme une sangsue (l. 206) qui boit la vie entre les lèvres, comme un vampire (l. 666). Mais c'est surtout à l'eau que cet être, arrivé par la Seine, est le plus étroitement associé. Quand le narrateur note ses premières manifestations, il utilise des métaphores de l'eau : il tombe dans le sommeil « comme on tomberait pour s'y noyer, dans un gouffre d'eau stagnante » (l. 90-91) et, dans la forêt de Roumare, quand il tourne comme une toupie, il affirme que « la terre flottait » (l. 129). Puis, il se rend compte que le Horla boit l'eau de la carafe. Enfin, le 19 août, dans le miroir, c'est « à travers une nappe d'eau » que

le narrateur commence à se voir, et «cette eau gliss[e] de gauche à droite» (l. 781-782). Dès lors, rien d'étonnant à ce que le narrateur cherche à la détruire par le feu, l'ennemi éternel de l'eau.

Mais, bizarrement, cet être liquide, à la «transparence opaque» (l. 785), est aussi associé à un humain. Il a besoin de boire (mais pas de manger), comme un humain, et il a une morphologie humaine. La nuit, il «regarde», «palpe», «s'agenouille» et «prend le cou [du narrateur] entre ses mains» (l. 97-98). Dans l'épisode de la rose, il semble au narrateur qu'une «main» la cueille et qu'un «bras» la porte à sa «bouche». Plus loin, il lit comme un humain; assis dans un fauteuil, il tourne les pages d'un livre. Il connaît également, à deux reprises, un sentiment humain, la peur: quand le narrateur bondit sur lui et quand il l'enferme dans sa chambre avant de mettre le feu: «Tout à coup, je compris qu'il s'agitait autour de moi, qu'il avait peur à son tour, [...]» (l. 811-812).

Un être puissant

Jusqu'à ce qu'il comprenne que le Horla peut avoir peur, lui aussi, le narrateur le croit tout-puissant. Le Horla est d'ailleurs associé d'emblée à la grandeur et à la puissance puisque le bateau qui l'amène en France est un «superbe trois-mâts [...] admirablement propre et luisant» (l. 25-26) qui contraste avec le remorqueur «gros comme une mouche» et les deux goélettes anglaises qui le précèdent. Très vite, et même si le narrateur ne le connaît pas encore, le Horla est associé à «d'inconnaissables Puissances» avec un «p» majuscule (l. 32), puis au vent «qui est la plus grande force de la nature» (l. 186-187). Le Horla est si puissant qu'il s'empare de l'être physique, puis de l'être mental du narrateur auquel il en vient à imposer sa volonté. La succession des pronoms dans le récit est symptomatique: le «il» se substitue peu à peu au «je».

LES PERSONNAGES SECONDAIRES

Les personnages secondaires n'ont aucune épaisseur et ne sont qu'épisodiques. Leur seul rôle est de cautionner la croyance du narrateur en l'existence d'un être invisible. En affirmant que nos sens sont limités et ne peuvent percevoir «la cent millième partie de ce qui

existe » (l. 185-186), le moine du mont Saint-Michel confirme qu'il est possible que le Horla existe. En répétant la même chose et en faisant la démonstration de l'hypnose, le docteur Parent lui prouve, à l'aide de M^me Sablé, que cet être peut dominer un être humain. Ces deux personnages, fort crédibles, ajoutent à la véracité du récit. Quant aux domestiques, parce qu'ils ont conscience qu'« on » casse des verres la nuit et parce que Jean, le cocher, souffre du même mal que le narrateur quand celui-ci s'absente, ils légitiment les angoisses de leur maître. Mais ils sont tellement « secondaires » que le narrateur s'en fait le meurtrier en « oubliant » de les avertir qu'il a mis le feu à sa maison !

Les thèmes

Dans *Le Horla*, Maupassant a exploité plusieurs thèmes populaires à la fin du XIX^e siècle, tels la folie, l'hypnotisme, le magnétisme, l'existence d'êtres susceptibles d'envahir la Terre et de dominer l'homme. Mais le thème central du récit, celui qui lui confère son unité et sa cohésion, en est un très fréquent dans la littérature fantastique : le thème du double. Il est partout présent : dans la structure, dans les personnages et dans l'écriture.

LE DOUBLE STRUCTUREL

Nous avons déjà vu que le récit peut se diviser en deux parties avec reprise de phrases presque identiques, le 8 mai et le 2 août. Mais c'est par le procédé de la mise en abyme qu'il se redouble le plus sûrement. La séance d'hypnotisme, en effet, constitue une reprise du récit en plus petit. D'abord, le docteur Parent reprend les propos précédemment tenus par le moine du mont Saint-Michel ; ensuite, il hypnotise M^me Sablé et lui suggère que la carte de visite qu'il lui met dans la main est un miroir dans lequel, au lieu de se voir, elle aperçoit son cousin placé derrière elle. Elle fait ainsi l'expérience que fera ce dernier, un mois plus tard, lorsqu'il verra le Horla, plutôt que lui-même, dans le miroir de sa chambre. En outre, M^me Sablé est soumise à la volonté du médecin comme le narrateur le sera à celle du Horla. Elle n'est pas plus maîtresse d'elle-même quand elle se rend à l'hôtel du narrateur lui emprunter de l'argent le lendemain que ne le

sera celui-ci lorsqu'il se sentira obligé de manger des fraises ou de revenir chez lui au lieu de se rendre à la gare de Rouen.

DES PERSONNAGES DOUBLES

Anonyme, sans frontière identitaire définie, le narrateur, à l'instar du Horla, ne semble pas « posséder de contours nettement arrêtés » (l. 784); il se confond avec les autres, tous les autres. Dans certains passages, il se fond dans le grand tout humain. Ainsi, dans le deuxième paragraphe du 12 mai, il entremêle « je » et « nous »; sa tristesse s'amalgame à la détresse humaine. Le 25 mai, il écrit: « […] j'attends le sommeil comme on attendrait le bourreau »; « je » se perd dans un « on » indéfini. Le 5 juillet, son angoisse (« Ah! qui comprendra mon angoisse abominable? ») devient, dans la phrase suivante, celle d'« un homme »: « Qui comprendra l'émotion d'un homme […] » (l. 238-239).

À des degrés divers, tous les personnages sont ses doubles. Ce que le moine dit, le narrateur « l'avai[t] pensé souvent » (l. 193). Pendant son absence, « [son] cocher souffre du même mal que [lui] » (l. 195). Quand le docteur Parent commence à hypnotiser sa cousine, qui est « comme une sœur » (l. 366) pour lui, c'est lui qui, comme s'il était elle, se sent « un peu troublé, le cœur battant, la gorge serrée » (l. 337-338). Elle sera par la suite « possédée et dominée » (l. 581), exactement comme le narrateur le sera. En plus, dans cette scène, il est lui-même dédoublé puisqu'il se trouve à la fois dans le pseudo-miroir et sur la photographie qu'il sort de sa poche.

Mais le double par excellence, c'est le Horla, invisible pour les yeux et qui n'existe que dans le regard intérieur du narrateur. Au tout début du récit, le 8 mai, le narrateur semble l'avoir inconsciemment appelé puisqu'il écrit, après avoir vu le trois-mâts brésilien: « Je le saluai, […] » (l. 26). Sur le plan de la syntaxe, le pronom « le » se réfère au bateau, mais comme habituellement, ce sont des personnes qu'on salue, ce « le » semble plutôt désigner le Horla. Par la suite, c'est toute l'écriture du journal qui semble le susciter. Cela est patent dans le choix des images et des pronoms. Ainsi, le 25 mai, le narrateur parle du sommeil comme d'une personne: « […] j'attends le sommeil comme on attendrait le bourreau » (l. 86-87), un bourreau « qui [le] guette » et qui va l'« anéantir » (l. 92-93). Puis, il s'endort enfin et rêve

que « quelqu'un » veut l'étrangler. Pourtant, quand il se réveille, il est « seul ».

Quand, une nuit, il voit sa carafe vide, il se demande s'il est somnambule et réfléchit sur sa dualité :

> « [...] je vivais, sans le savoir, de cette double vie mystérieuse qui fait douter s'il y a deux êtres en nous, ou si un être étranger, inconnaissable et invisible, anime, par moments, quand notre âme est engourdie, notre corps captif qui obéit à cet autre, comme à nous-mêmes, plus qu'à nous-mêmes » (l. 232-237).

Le choix des pronoms atteste de sa confusion : « On a encore bu toute ma carafe cette nuit ; — ou plutôt, je l'ai bue ! Mais, est-ce moi ? » (l. 243-245). Qui est « je » ; qui est « on » ? C'est après qu'il a vu le Horla, dans l'épisode de la rose, qu'il emploie le pronom « il » pour la première fois : « Il a bu l'eau de ma carafe, [...] » (l. 499). Le « on » indéfini est devenu un « il » personnel. Le double s'est détaché du narrateur, mais, paradoxalement, plus le Horla se manifeste à l'extérieur de lui, plus il s'immisce à l'intérieur de lui et le domine. À son retour de Paris, le narrateur écrit d'abord : « Quelqu'un possède mon âme et la gouverne ! » (l. 566-567). « Je » et « il » sont alors solidement enchevêtrés : « Je ne peux pas. Il ne veut pas ; [...] » (l. 570). Puis, un peu plus loin, il franchit un nouveau pas : « Il est en moi, il devient mon âme ; [...] » (l. 752). En cherchant l'autre, le personnage s'est trouvé lui-même, car l'autre, c'est lui. Quand il se compare à un malade dont la chair est devenue « liquide comme de l'eau » (l. 561), il ne saurait mieux dire qu'il est le Horla. Quoi d'étonnant alors à ce qu'il aperçoive l'autre au lieu de son reflet dans le miroir ? S'il voit le Horla, c'est que le Horla s'interpose entre son image et lui, mais c'est aussi que le Horla, c'est lui. Le narrateur est à la fois l'autre et lui-même. Leurs images, d'ailleurs, se superposent dans le miroir : « [...] je commençai à m'apercevoir dans une brume, au fond du miroir, dans une brume comme à travers une nappe d'eau ; [...] » (l. 779-781). Dans la phrase « [...] il devient mon âme ; je le tuerai ! » (l. 752), le passage du « mon » au « le » est intéressant, car, si « il » est son âme, c'est donc qu'il se tuera lui-même. C'est à cette conclusion qu'il en

arrive après avoir vainement tenté de tuer le Horla : «[…] il n'est pas mort… Alors… alors… il va donc falloir que je me tue, moi !…» (l. 861-862). C'est dans la mort que le narrateur trouvera son unité.

UNE ÉCRITURE DU DOUBLE

L'écriture même traduit cette thématique du double puisque le texte renferme de nombreux redoublements. Ainsi, le 6 juillet : «Mais, est-ce moi ? Est-ce moi ?» (l. 245). Le 17 août : «Quelle nuit ! quelle nuit !» (l. 607). Le 10 septembre : «[…] je l'enfermai, tout seul, tout seul !» (l. 815-816) et, plus loin : «[…] il brûlait aussi, Lui, Lui, […]» (l. 844). Les deux dernières phrases, à cet égard, sont exemplaires : «Non… non… sans aucun doute, sans aucun doute… […] Alors… alors… […]». Et le récit se termine sur un moi redoublé : «[…] que je me tue, moi ! …» (l. 862).

L'écriture

L'EMPLOI DE LA PREMIÈRE PERSONNE

L'emploi du «je» est très fréquent dans la littérature fantastique. Ici, il se trouve justifié par l'écriture du journal intime. Il a l'avantage de placer le lecteur au cœur de l'action et de favoriser son identification au personnage ; l'effet de distanciation propre aux récits à la troisième personne est aboli.

LES TEMPS DE VERBES

Pour raconter ces événements passés, le narrateur a recours au passé simple, mais utilise plus volontiers le passé composé, qui rend le récit plus vivant et plus réel. Il lui arrive aussi d'utiliser le présent, parfois pour faire des réflexions générales intemporelles comme lorsque, le 14 juillet, il disserte sur la sottise du peuple, mais parfois aussi pour rendre l'idée de répétition d'une action comme lorsque, le 25 mai, il parle de la peur qui l'envahit quand, chaque soir, il attend le sommeil. Ce présent instaure une durée et, dans l'exemple qui précède, rend plus tangible l'envahissement progressif de la peur.

Du sens figuré au sens propre

On trouve dans *Le Horla* un procédé fréquent dans la littérature fantastique. Ce procédé consiste à annoncer un phénomène à venir par le biais d'une métaphore ou d'une comparaison qui est, par la suite, prise au pied de la lettre, faisant ainsi passer le récit du sens figuré au sens propre. Ainsi, le 12 mai, le narrateur écrit : « On dirait que l'air, l'air invisible est plein d'inconnaissables Puissances, [...] » et, quatre lignes plus bas, « [...] comme si quelque malheur m'attendait chez moi » (l. 31-36). Ce qui semble n'être qu'une comparaison visant à faire comprendre un état d'esprit s'avère, plus loin, la réalité : une Puissance, le Horla, l'attend en effet chez lui. Le 25 mai, le narrateur écrit : « À mesure qu'approche le soir, une inquiétude incompréhensible m'envahit, comme si la nuit cachait pour moi une menace terrible » (l. 71-73). Plus troublante encore est la comparaison qui se trouve dans le paragraphe suivant alors qu'il écrit tomber « dans le repos, comme on tomberait pour s'y noyer, dans un gouffre d'eau stagnante » (l. 89-91). Il ne connaît pas encore le Horla et, pourtant, il le compare à l'eau à laquelle il sera identifié dans l'épisode du miroir. Mais, en ce début de récit, ces allusions au Horla semblent encore n'être que d'anodines figures de style. Dans l'épisode de la rose, cependant, alors que le narrateur a déjà vécu quelques expériences traumatisantes, l'emploi du « comme si » prend une tout autre dimension ; elle rend tangible la présence du Horla et confirme ses soupçons quant à l'existence d'un être invisible : « [...] je vis [...] la tige d'une de ces roses se plier, comme si une main invisible l'eût tordue, puis se casser comme si cette main l'eût cueillie ! » (l. 480-482).

Un style près des émotions

Le style du récit épouse les émotions du narrateur. Quand il est en pleine possession de sa tête et de son cœur, il maîtrise également ses phrases. Volontiers longues et ponctuées de sages virgules et points-virgules, elles renferment des subordonnées qui semblent suivre les méandres de son âme tranquille. Ainsi en est-il de l'écriture du 8 mai et de ses deux récits de voyage. Quand, au contraire, il est angoissé et qu'il relate des phénomènes étranges, les phrases sont courtes, voire

La Maison de Santé du Dr Blanche
où fut interné Maupassant.

hachurées et elliptiques et elles sont juxtaposées plutôt que subordonnées. Le rythme devient saccadé, souvent marqué de groupes ternaires. Les répétitions abondent et la gradation, souvent utilisée, trahit la montée de l'émotion. Le texte est parsemé de points d'exclamation, d'interrogation et de suspension ; les deux premiers traduisent la peur et l'incompréhension ; les derniers, le doute et l'hésitation. L'écriture du journal du 17 août fluctue ainsi en fonction de l'émotion du diariste. Le début annonce ce qui suivra et, avec son redoublement et ses trois points d'exclamation, traduit l'émotion du personnage qui sera développée dans le septième paragraphe : « Ah ! Quelle nuit ! quelle nuit ! » (l. 607). Mais la narration de l'événement qui a causé cette émotion est précédée d'une réflexion consécutive à la sérieuse lecture qu'il a faite du livre de Hermann Herestauss. Les phrases qui suivent « j'ai lu ! » sont sagement alignées, et la dernière du premier paragraphe est longue et renferme trois subordonnées. Les transitions sont correctement assurées : « Mais aucun d'eux [...] » ; « Donc, ayant lu [...] ». L'écriture du quatrième paragraphe est à mi-chemin entre celle de ce premier paragraphe et celle qui suit. Les phrases sont courtes et multiplient les interrogations directes : « Qui habite ces mondes ? » L'énumération (« Quelles formes, quels vivants, quels animaux, quelles plantes [...] »), le groupe ternaire (« [...] que savent-ils plus que nous ? Que peuvent-ils plus que nous ? Que voient-ils que nous ne connaissons point ? ») et la comparaison (« [...] comme les Normands [...] ») trahissent l'inquiétude du narrateur. Dans le septième paragraphe, quand le narrateur voit les pages du livre tourner toutes seules, l'écriture change radicalement. La répétition de « je vis », « vide » et « bond » ainsi que le pléonasme « je vis de mes yeux » montrent son ahurissement ; c'est comme s'il bégayait de peur. La gradation « pour le saisir, pour l'étreindre, pour le tuer ! » confère à la phrase un rythme ternaire qui correspond à sa course à travers la chambre. Enfin, les points de suspension, d'exclamation, le point d'interrogation final et le redoublement de « alors » (anagramme de « Horla ») renforcent ses émotions de peur et de colère. Quel contraste avec le premier paragraphe !

LA MAIN [1]

La structure

La Main constitue un récit traditionnel, où Maupassant emploie une technique fréquente au XIXᵉ siècle, et que lui-même a utilisée dans de nombreux contes, celle du récit encadré par un autre récit dit encadrant. Un narrateur omniscient parle d'une soirée au cours de laquelle un juge « donn[e] son avis sur l'affaire mystérieuse de Saint-Cloud » (l. 2). Ce premier **récit, encadrant,** cède la place à un second dont le narrateur, cette fois, est le juge qui raconte une affaire plus ancienne qui s'est déroulée à Ajaccio. C'est le **récit encadré** qui commence par « J'étais alors juge d'instruction à Ajaccio [...] » (l. 36) et se termine par la phrase « Je ne sais rien de plus » (l. 196). La phrase suivante nous ramène au récit encadrant qui conclut le conte.

Le récit encadré comporte ici trois parties. La première sert d'introduction : le juge raconte les circonstances dans lesquelles il a connu la victime un an avant le crime. La deuxième, qui constitue le cœur du récit, raconte les circonstances entourant le crime. La troisième, où il est question de la main aperçue dans un cauchemar et retrouvée au cimetière, sert de conclusion.

Tout au long du récit, des indices font avancer le lecteur sur le chemin du surnaturel sur lequel le juge, dès le début, refuse pourtant de s'engager : « Quant au mot "surnaturel" [...], il n'a rien à faire ici » (l. 15-16). Fidèle à son habitude, Maupassant ne tranche pas, et les questions, à la fin, restent sans réponse. Première question : sir Rowell est-il « un fou, ou un mauvais plaisant ? » (l. 137). L'homme qui fume la pipe, dans son jardin, semble tout à fait sain d'esprit. Mais, durant le mois qui précède le meurtre, il adopte des comportements étranges qui amènent son valet à prononcer, à son sujet, le mot « démence » (l. 176). Autres questions : la main s'est-elle animée ou son propriétaire est-il venu la chercher comme le suppose le juge ? Et, si elle s'est animée, a-t-elle tué sir Rowell ? Au lecteur de trancher. Mais il ne pourra pas le faire de façon définitive.

1. *La Main* a d'abord été publiée dans *Le Gaulois* en 1883.

Le cadre spatio-temporel

Les repères temporels sont d'abord flous. L'affaire racontée dans le récit encadré a eu lieu dans un « autrefois » (l. 20) vague. Le juge entend parler de l'Anglais « un jour » (l. 49) ; il attend « longtemps » (l. 69) une occasion de lui parler. Lorsqu'il fait sa connaissance, cependant, ces repères se précisent comme pour mieux cerner les événements importants : « Au bout d'un mois » (l. 77), il lui avait parlé cinq ou six fois. Un soir, l'Anglais l'invite à entrer chez lui, puis « Une année entière s'écoul[e] » (l. 145). L'Anglais est tué « vers la fin de novembre » (l. 145). « Trois mois après », le juge fait un cauchemar et, « le lendemain », on lui apporte la main trouvée dans le cimetière.

Comme dans ses autres récits fantastiques, Maupassant campe son récit dans un espace réel et en apparence anodin. Le récit encadrant se déroule dans un salon. Le juge « dos à la cheminée » (l. 5) s'adresse à des mondaines qu'on imagine volontiers verre de vin et petits fours à la main. Ajaccio, lieu du crime, est « une petite ville blanche, couchée au bord d'un admirable golfe qu'entourent partout de hautes montagnes » (l. 36-38). Elle apparaît aussi idyllique que le lieu décrit au début du *Horla*. Mais ce caractère idyllique n'est qu'apparent, car Ajaccio est la capitale de la Corse, lieu des sentiments exacerbés et des folles passions, lieu, surtout, de toutes les vengeances et de la terrible vendetta. L'exotisme de la Corse crée un effet d'étrangeté qui accentue le caractère fantastique du récit. C'est à l'intérieur de la maison de Rowell, cependant, que le décor devient inquiétant ; le salon est décoré d'un tissu noir sur lequel courent de grandes fleurs jaunes qui préfigurent la main qui courra plus tard sur les rideaux et les murs de la chambre du juge. C'est dans ce salon que son valet le trouvera mort, étranglé. L'espace banal a cédé le pas à un espace dramatique.

Les personnages

La maison de Rowell est à l'image du « personnage singulier » (l. 52) qui l'habite et qui possède les principales caractéristiques du personnage fantastique. Comme celui du *Horla*, il est anonyme et il vit seul. Il a un nom, mais le narrateur n'est pas sûr qu'il soit authentique.

« Il se faisait appeler **sir John Rowell** » (l. 62), dit-il. À sa mort, on l'enterre dans le cimetière local, « car on n'[a] pu découvrir sa famille » (l. 194-195). Outre qu'il est anglais, on ne connaît rien de ses origines. Le fait qu'il ne va pas à la ville et ne parle à personne empêche d'éclaircir le mystère qui l'entoure et alimente plutôt les rumeurs inquiétantes qui circulent à son sujet. Il aurait peut-être « commis un crime épouvantable [dans] des circonstances particulièrement horribles » (l. 58-59) ; les « trois revolvers chargés » (l. 140) qu'il garde près de lui, ses exercices quotidiens de tirs au pistolet et à la carabine ainsi que sa phrase "J'avé beaucoup chassé l'homme aussi" tendent à confirmer cette rumeur. À l'opposé, sa politesse (il « remerci[e] vivement » le juge qui lui offre une perdrix) et sa « méticuleuse courtoisie » (l. 82) tendent à l'infirmer. D'autres rumeurs n'en font-elles pas « un haut personnage fuyant sa patrie pour des raisons politiques » (l. 56-57) ? Même le juge, qui cherche à se renseigner, ne réussit à « rien apprendre » (l. 61-62). Enfin, à l'instar d'autres personnages de récits fantastiques, il possède une force et un courage sur lesquels le surnaturel ne semble pas pouvoir avoir de prise. C'est un « grand homme […] très haut, très large, une sorte d'hercule placide […] » (l. 74-75).

Le narrateur, **M. Bermutier,** confère au récit sa crédibilité. Le lecteur ne peut mettre en doute la parole de ce juge d'instruction qui prononce des « paroles graves » (l. 9) et qui sourit tantôt « gravement » (l. 26), tantôt « avec sévérité » (l. 202). Même si ce personnage rationnel reconnaît qu'il « sembl[e] se mêler quelque chose de fantastique » (l. 20-21) dans l'affaire qu'il raconte, il refuse jusqu'au bout d'y croire.

Les **femmes** qui l'écoutent contrebalancent sa rationalité par leur caractère émotif. Éprouvant un « insatiable besoin d'épouvante », elles « frissonn[ent] » et « vibr[ent] » (l. 9-10) à son récit qui, à la fin, les laisse « pâles » et « frissonnantes ». L'une d'elles refuse alors de souscrire à son explication réaliste.

Les deux attitudes renforcent l'hésitation du lecteur entre les thèses réaliste et fantastique.

LA MAIN

La main est décrite avec des détails qui la rendent effrayante, et sa démesure atteste de son caractère fantastique. Ses doigts, en effet, sont « démesurément longs » ; le juge note qu'elle a dû appartenir « à un colosse » (l. 122-123) et, pour l'attacher, sir Rowell a eu recours à « une énorme chaîne » (l. 113). À l'instar de nombreux autres objets inanimés présents dans la littérature fantastique (statue, poupée[1], marionnette, couteau, etc.), elle est dotée d'une vie propre. Sir Rowell lui prête une volonté lorsqu'il dit : "Elle voulé toujours s'en aller. Cette chaîne été nécessaire" (l. 135).

Ce n'est pas un hasard si les animaux occupent une place importante dans ce conte. C'est une perdrix morte, symbole de la mort à venir du personnage principal, qui permet au juge d'entrer en contact avec sir Rowell. Celui-ci, amateur de chasse et de pêche, a déjà chassé l'hippopotame, le tigre, l'éléphant et même le gorille. C'est que la main est elle-même associée à un animal, tantôt à un « éléphant en laisse » (l. 115), tantôt un scorpion ou une araignée. Il est vrai qu'elle a appartenu à un homme, mais elle en est détachée et, pour sir Rowell, l'homme est un animal et « le plus mauvais » (l. 96) qui soit. L'Anglais la frappe avec une cravache comme s'il voulait dompter quelque animal sauvage, animal qui aura finalement raison de lui puisque le récit laisse entendre que la main l'a étranglé : "On dirait qu'il a été étranglé par un squelette", note le médecin (l. 163). Comme un animal, la main s'est par la suite sauvée, est revenue et a « galop[é] autour de [l]a chambre [du juge] en remuant les doigts comme des pattes » (l. 191-192) avant de se rendre sur la tombe de sa victime au cimetière.

Les couleurs

On trouve dans *La Main* les mêmes couleurs que dans *Le Horla* : blanc, noir, rouge et jaune. À la maison blanche qui avait attiré le Horla correspond la ville blanche d'Ajaccio. Ce blanc s'oppose au noir, symbole de la mort : noir de la soie du salon de sir Rowell, noir

1. Plus près de nous, pensons à la poupée maléfique Chucky, personnage de films américains populaires il y a quelques années.

de sa figure une fois mort et noir de la main qui est mise en opposi-
tion avec « une main de squelette, blanche et propre » (l. 108-109).
Cette main noire se détache du carré de velours rouge sur lequel elle
est posée ; couleur du sang et symbole de violence, le rouge se trouve
également dans les cheveux et la barbe de sir Rowell. Quant aux fleurs
jaunes, elles brillent « comme du feu » (l. 102-103), symbole de la
destruction qui rappelle l'incendie du *Horla*.

L'écriture

L'écriture de *La Main,* par ailleurs, contraste avec celle du *Horla*.
Dans *Le Horla,* le narrateur est la victime ; son écriture traduit ses états
d'âme et toute la subjectivité de son point de vue. Ici, le narrateur est
un témoin extérieur, objectif, qui raconte les événements sur un ton
neutre, dénué d'émotion. On ne trouve ni le rythme saccadé, ni les
phrases hachurées, ni les nombreux points d'exclamation, d'interro-
gation et de suspension du *Horla*. Le propos est mesuré et le récit, or-
donné, avec toutes les transitions nécessaires ; les « or, bientôt, donc,
cependant, enfin, alors, puis », etc., y sont nombreux.

JUGEMENTS CRITIQUES DE L'ŒUVRE

Je pense souvent à Guy de Maupassant. Celui-là me semble être le
meilleur conteur du XIX[e] siècle.

<div align="right">Somerset Maugham cité par Armand Lanoux, *Maupassant le Bel-ami.*</div>

Comme celui de Voltaire, comme la nouvelle de Mérimée, le conte
de Maupassant fait de l'homme ou une mécanique triste ou un
pantin comique.

<div align="right">Fernand Lemoine, *Guy de Maupassant,* 1957.</div>

Pessimiste mais sans trémolos de désespoir, athée déterminé mais
sans ostentation, flaubertien dans son diagnostic de la bêtise, c'est
l'homme de l'eau, de la nature, de la passion et aussi de la maladie, du
malheur. Mallarmé s'enchantait de sa limpidité. Cent ans après sa

mort, on peut le lire et le relire sans cesse, on ne s'en lasse jamais, on s'y émerveille toujours.

Introduction à un dossier sur Maupassant
paru dans le *Magazine littéraire,* n° 310, mai 1993.

Boule de Suif est certainement la meilleure des six [nouvelles des *Soirées de Médan*], elle a un aplomb, une tenue, une finesse et une netteté d'analyse qui en font un petit chef-d'œuvre. Du reste, elle a suffi, dans le public lettré, pour mettre Maupassant au premier rang, parmi les jeunes écrivains d'avenir.

Émile Zola, *Le Figaro,* 11 juillet 1881.

Critique du bourgeois installé, qui tremble pour son argent et qui est prêt à pactiser avec l'occupant, par crainte de la révolution. Critique du « démocrate » Cornudet, grossier et lâche. Des femmes dites honnêtes, habitées de tentations et bardées de principes. Des religieuses, se prêtant à l'infamie au nom du Bon Dieu. « Boule de Suif » dit l'effondrement de toutes les valeurs hypocritement prônées, avant que le souci de conservation personnelle devienne le seul qui compte : manger les provisions de la prostituée et la jeter dans les bras de l'officier allemand va de soi, alors, pour ces personnages que Maupassant n'a pas inventés.

Marie-Claire Bancquart, *Boule de Suif,* 1984.

Maupassant donne à voir, et, le plus souvent, donne à voir le journalier, le lieu commun, qui se met à grouiller d'angoisse. On n'échappe pas à son insolite en se disant qu'il est exceptionnel : ses victimes sont au contraire les hommes les plus ordinaires ; son décor est le nôtre. On ne lui échappe pas en se disant qu'il est impossible : il se fond à des sensations dont nous avons éprouvé au moins le début ; il naît des éléments les plus indiscutables. Expérience de transgression, il est bien difficile de déterminer où elle commence à l'être.

Marie-Claire Bancquart, « Maupassant conteur fantastique »,
dans *Archives des lettres modernes,* n° 163, 1976.

Le *Bel-Ami*, yacht de Maupassant.

PLONGÉE
DANS L'ŒUVRE

QUESTIONS SUR *BOULE DE SUIF*

AVANT LE DÉPART ET LA PREMIÈRE JOURNÉE (P. 7-33)

Compréhension

1. Comparez l'armée française et l'armée prussienne telles qu'elles sont décrites dans les premières pages de la nouvelle.

2. Maupassant n'aime pas les bourgeois. Relevez deux passages qui le montrent dès les premières pages.

3. Relevez un passage dans lequel Maupassant expose le dégoût que lui inspire la guerre.

4. Expliquez le sens de la phrase suivante : « Mais à chaque porte des petits détachements frappaient, puis disparaissaient dans les maisons » (l. 77-78).

5. Dans le paragraphe de la page 13 qui commence par « Cependant on n'attelait pas la voiture » et dans les deux paragraphes suivants, Maupassant se sert de sensations pour décrire les événements.

 a) Quelles sont les sensations décrites ?

 b) Pourquoi Maupassant procède-t-il de cette façon ?

 c) Quelle partie de phrase nous indique que le cocher se prépare à mettre les harnais sur le cheval ?

 d) Quelle partie de phrase nous indique que les harnais sont placés sur le cheval ?

6. Maupassant fait une pause dans le récit pour faire les portraits de ses personnages. Pourquoi les portraits débutent-ils à la page 16 plutôt qu'ailleurs ? Montrez que la place de ces portraits n'est pas arbitraire et que Maupassant a pris soin de la justifier par le récit lui-même.

7. À partir de la phrase « Tous les regards étaient tendus vers elle » (l. 383) et jusqu'à la ligne 434, il est plusieurs fois question du regard. Expliquez ce passage de la page 22 ainsi que les quatre autres que vous relèverez.

8. À la page 30, M. Follenvie appelle Boule de Suif de son vrai nom, Élisabeth Rousset. C'est la première fois que ce nom est prononcé dans le récit. Pourquoi ?

9. Pourquoi Boule de Suif refuse-t-elle, le premier soir, de faire part à ses compagnons de voyage de l'entretien qu'elle vient d'avoir avec l'officier et de la demande qu'il lui a faite ?

Contexte sociohistorique

1. Relisez la section consacrée au contexte historique. Expliquez le sens des mots et phrases suivants :

a) M. Carré-Lamadon « était resté, tout le temps de l'Empire, chef de l'opposition bienveillante […] » (l. 231-232). De quel Empire est-il question ? Pourquoi M. Carré-Lamadon y est-il opposé ?

b) « […] le comte Hubert représentait le parti orléaniste » (l. 247-248). De quel parti est-il question ? Est-il étonnant que le comte le représente ?

c) « […] Cornudet, le démoc, […] attendait impatiemment la République […] Au quatre septembre, […] il s'était cru nommé préfet » (l. 270-276). Quelle est l'allégeance politique de Cornudet ? De quel quatre septembre est-il question ?

d) Cornudet attaque Napoléon III et « Boule de Suif aussitôt se fâcha, car elle était bonapartiste » (l. 485). Expliquez le sens de cette phrase à partir des allégeances politiques des deux personnages.

2. Quelles sont les sources de revenu des trois hommes riches ? Correspondent-elles à la réalité sociale expliquée dans la section « Le contexte social », aux pages 117 et 118 ?

Personnages

1. Relisez les pages 10-11 et la page 24. Comparez l'attitude de Boule de Suif devant les envahisseurs prussiens et celle des autres habitants de la ville.

2. Identifiez le voyageur qui compare les flocons de neige à « une pluie de coton » (l. 199).

3. Que nous révèle la phrase suivante au sujet de Mme Carré-Lamadon : « Elle […] regardait d'un air navré l'intérieur lamentable de la voiture » (l. 237-239) ?

4. Relisez le portrait de Cornudet, à la page 18.

 a) Il est dit qu'il est « la terreur des gens respectables » et, plus loin, qu'il est « inoffensif ». Comment expliquez-vous cette apparente opposition ?

 b) Il est dit aussi qu'après avoir organisé la défense autour de la ville, « satisfait de ses préparatifs, il s'était vivement replié vers la ville ». Que nous apprend cette phrase sur Cornudet ?

5. Étudiez la façon selon laquelle les passagers de la diligence en viennent à manger les provisions de Boule de Suif et l'ordre dans lequel ils le font. Cette façon et cet ordre vous semblent-ils logiques ?

6. Dans quel ordre les personnages quittent-ils la diligence ? Que révèle leur attitude sur chacun d'eux ?

Écriture

1. Des pages 7 à 11, Maupassant situe le récit dans son contexte. Séparez cette séquence en quatre parties.

2. Identifiez les figures de style suivantes :

 a) « la rue muette » (l. 45)

 b) « […] une masse noire descendit de la côte Sainte-Catherine, […] » (l. 51-52)

 c) « […] les officiers de hussards bleus, qui traînaient avec arrogance leurs grands outils de mort […] » (l. 99-100)

 d) « l'odeur de l'invasion » (l. 106)

 e) « […] et l'entassement des lourds vêtements d'hiver faisait ressembler tous ces corps à des curés obèses avec leurs longues soutanes. » (l. 145-147)

 f) « Un rideau de flocons blancs […] » (l. 165)

 g) « La jolie dame […] déclara d'une voix mourante qu'elle se sentait fort bien maintenant. » (l. 429-430)

 h) « […] parlant peu et mangeant beaucoup. » (l. 457)

 i) « […] tous ces gens qui fuyaient rendirent hommage au courage des autres. » (l. 459-460)

 j) « Je les regardais […] ces gros porcs […] » (l. 469)

 k) « […] un officier allemand […] serré dans son uniforme comme une fille en son corset, […] » (l. 531-533)

l) «[…] Loiseau poussant devant lui sa grande moitié.» (l. 544)

m) «C'était un ancien marchand de chevaux, […] qui avait toujours des sifflements, des enrouements, des chants de glaires dans le larynx.» (l. 570-572)

n) «Elle se troubla, réfléchit une seconde, puis déclara carrément: […]» (l. 581)

o) «[…] on la pria, on la pressa, on la sermonna, […]» (l. 590-591)

p) «L'homme, râlant comme une locomotive crevée, […]» (l. 618-619)

q) «Quand il y a des gens qui font tant de découvertes pour être utiles, faut-il que d'autres se donnent tant de mal pour être nuisibles!» (l. 640-642)

r) «[…] quand on extermine nos garçons comme du gibier, […]» (l. 645-646)

s) «Le gros homme riait, toussait, crachait; […]» (l. 664)

t) «Alors toute la maison devint silencieuse.» (l. 700)

3. Dans la phrase suivante, que désignent les mots en italique: «[…] les officiers de hussards bleus, qui traînaient avec arrogance leurs *grands outils de mort* sur le pavé, […]» (l. 99-100)?

4. Relisez le paragraphe de la page 15 qui commence par «La voiture avançait lentement, lentement, à tout petits pas».
 a) Pourquoi Maupassant répète-t-il l'adverbe «lentement» dans cette première phrase?
 b) Dans ce paragraphe, relevez un redoublement, une personnification, une énumération et une comparaison.

5. Dans le paragraphe suivant, relevez une antithèse et une métaphore.

6. Relevez trois marques d'ironie dans les pages 7 à 9.

7. À la page 18, faites ressortir les marques d'ironie dans les deux phrases qui commencent par «Depuis vingt ans […]» et qui se terminent par «consommations révolutionnaires».

Du deuxième au sixième jour (p. 33-54)

Compréhension

1. À la lumière des deux paragraphes qui la précèdent, expliquez le sens de la phrase « C'est les grands qui font la guerre » (l. 729).

2. Dans le paragraphe de la page 35 consacré à Cornudet, montrez que Maupassant présente Cornudet sous un jour caricatural.

3. Montrez en quoi la réaction de Cornudet, de Loiseau et de M. Carré-Lamadon au discours du bedeau correspond bien à ce qu'ils sont (l. 730-733).

4. Quand ils discutent politique (l. 773-774), Maupassant écrit : « L'un croyait aux d'Orléans, l'autre à un sauveur inconnu […] »
 a) Qui est « l'un » et qui est « l'autre » ? Justifiez votre réponse.
 b) Cornudet se contente d'écouter. Pourquoi ?

5. Comparez et expliquez la réaction de Boule de Suif et celle des femmes honnêtes quand elles rencontrent l'officier prussien dans la rue (l. 922-930).

6. Expliquez ce que vous comprenez du sentiment maternel de Boule de Suif (l. 937-941).

7. Pourquoi, alors qu'ils sont d'abord fâchés de la demande du Prussien, les « honnêtes gens »
 a) retournent-ils leur colère contre Boule de Suif ?
 b) décident-ils de l'inciter à accéder à sa demande ?

8. Comparez l'attitude de Boule de Suif face à la prière (l. 1004-1006) et celle des religieuses.

9. Aux pages 43 à 46, quels sont les arguments invoqués par les compagnons de Boule de Suif pour la faire fléchir ?

10. En quoi l'euphorie des voyageurs à l'annonce du sacrifice de Boule de Suif est-elle à la fois compréhensible et choquante ?

11. En disant « Ils sont trop verts, mon vieux, ils sont trop verts » (l. 1178-1179), Loiseau compare l'attitude de Cornudet à celle du renard de la fable de La Fontaine. Lisez cette fable et expliquez le lien que Loiseau fait entre les deux.

Le Renard et les raisins

Certain renard gascon, d'autres disent normand,
Mourant presque de faim, vit au haut d'une treille
Des raisins mûrs apparemment
Et couverts d'une peau vermeille.
Le Galant en eût fait volontiers un repas ;
Mais comme il n'y pouvait atteindre :
« Ils sont trop verts, dit-il, et bons pour des goujats. »
Fit-il pas mieux que de se plaindre ?

Écriture

1. Identifiez les figures de style suivantes :

 a) « rat d'église » (l. 721)

 b) « On voulait peut-être les garder comme otages [...] ou les emmener prisonniers ? ou, plutôt, leur demander une rançon considérable ? » (l. 819-821)

 c) « Vous lui direz à cette crapule, à ce saligaud, à cette charogne de Prussien, que jamais je ne voudrai ; [...] » (l. 841-842)

 d) « [...] ces gens-là se conduisaient à la façon des anciens barbares. » (l. 853)

 e) « [...] avec un espoir indéterminé, un désir plus grand de s'en aller, une terreur du jour à passer dans cette horrible petite auberge. » (l. 876-878)

 f) « Nous n'allons pourtant pas mourir de vieillesse ici. » (l. 951-952)

 g) « sainte fille en cornette » (l. 1075)

 h) « femme aux chapelets pendants » (l. 1076-1077)

 i) « [...] la figure ravagée, crevée de trous sans nombre, paraissait une image des dévastations de la guerre. » (l. 1090-1091)

 j) « On donnait à la graine semée la veille le temps de germer et de pousser ses fruits. » (l. 1095-1096)

 k) « [...] M^me Loiseau, qui était de la nature des orties, [...] » (l. 1195-1196)

 l) « [Les] pigeons [...] cherchaient leur vie dans le crottin fumant [...] » (l. 1209-1212)

m) « [...] leurs lèvres se mirent à remuer vivement, se hâtant de plus en plus, précipitant leur vague murmure comme pour une course d'*oremus*; [...] » (l. 1253-1255)

n) « [...] des parcelles de jaune clair qui semblaient, là-dedans, des étoiles. » (l. 1277-1278)

o) « gredins honnêtes » (l. 1286)

p) « [...] deux grosses larmes [...] les suivirent plus rapides, coulant comme les gouttes d'eau qui filtrent d'une roche, [...] » (l. 1294-1296)

2. Maupassant utilise beaucoup le pronom « on ». Qui est désigné par ce pronom dans le paragraphe de la page 44 qui commence par « Aussitôt à table, on commença les approches » ?

3. Dans le récit du dîner du quatrième soir, aux pages 45 et 46, relevez deux phrases écrites
 a) en style direct;
 b) en style indirect libre.

4. À l'aide des pages 47 à 49, dressez le champ lexical de la joie au dernier dîner.

Questions de synthèse sur Boule de Suif

1. Relisez la biographie de Maupassant. Quels liens faites-vous entre la vie de Maupassant et *Boule de Suif* ?

2. Relisez, dans le contexte social, la section consacrée à la prostituée. Quels traits de la prostituée s'appliquent à Boule de Suif ?

3. Résumez la nouvelle en deux pages, en une page et en deux phrases.

4. Relevez un sommaire, une pause, une scène et une ellipse dans *Boule de Suif*.

5. Le mardi matin, « Une lueur sale filtrait à travers de gros nuages » alors que, le dimanche, il fait soleil. Faites un lien entre ces renseignements météorologiques et les événements relatés.

6. Relevez les passages où la neige est présente. Que signifie-t-elle ?

7. Deux passages de la première journée rendent le refus de Boule de Suif vraisemblable et son sacrifice, dramatique. Lesquels ? Pourquoi ?

8. À la page 42, M^me Loiseau et son mari emploient une série de termes péjoratifs pour désigner Boule de Suif. Quels sont-ils? Comparez-les au «charmante compagne» dont use M. Loiseau à la page 22. Expliquez cette différence de désignation.

9. Faites un lien entre la couleur de la barbe de Cornudet et
 a) la bière qu'il boit;
 b) le véritable nom de Boule de Suif.
 Expliquez ces liens.

10. Relevez
 a) les trois passages où l'on voit l'officier prussien;
 b) des moments où l'officier se manifeste sans toutefois être présent.

11. Relevez des objets particulièrement significatifs dans la nouvelle. Dites en quoi ils le sont.

12. Relisez, dans le contexte littéraire, la section consacrée au réalisme. Expliquez en quoi la nouvelle se rattache à ce courant.

p. 43 **EXTRAIT 1**

Compréhension

1. Situez l'extrait dans la nouvelle.

Lexique

cuisine

1. Définissez les mots suivants: scabreuses, bardée, polissonne, grivoiseries, blocus, duplicités.

2. À la ligne 981, cherchez les différents sens du mot «tripoter». Montrez que Maupassant en fait un usage particulièrement heureux.

3. Cherchez les deux sens de l'adjectif «risqué». Montrez que les deux sens se superposent dans: «Le comte trouva des plaisanteries un peu risquées, […]»

4. Repérez les champs lexicaux
 a) de la nourriture;
 b) de la guerre;
 c) de la gaieté;

d) de l'hypocrisie;

e) du langage.

Propos

1. Résumez chaque paragraphe en une phrase ou deux.

2. Quel est le propos général de l'extrait?

3. a) Quelle est la seule phrase qui exprime clairement le propos de l'extrait?

 b) Cette phrase est-elle prononcée par l'un des personnages?

Personnages

1. Les personnages mettent le langage et le silence au service de leur hypocrisie. Montrez comment, pour camoufler leurs vraies pensées,

 a) certains personnages utilisent le «bien-dit»;

 b) d'autres, le «non-dit».

2. En quoi la subordonnée relative «dont on ne se blessa point» montre-t-elle l'hypocrisie des personnages?

3. Quand le narrateur dit que Cornudet reste «complètement étranger à cette affaire», que veut-il dire? Si on prend «étranger» dans le sens de «non concerné», y est-il vraiment étranger?

4. Expliquez le sens de «La comtesse, plus assouplie que les autres aux duplicités des salons, […]».

5. En quoi l'attitude de Boule de Suif, dans le dernier paragraphe de la page 43, fait-elle ressortir par contraste l'hypocrisie des personnages?

Écriture

1. Trois paragraphes sont très courts: le premier, le cinquième et le septième. Montrez

 a) l'importance du premier paragraphe;

 b) en quoi la forme des cinquième et septième paragraphes correspond bien au fond.

2. Le récit est au passé. Que distingue l'emploi du passé simple de celui de l'imparfait?

3. Maupassant utilise beaucoup le pronom «on». Qui ce «on» désigne-t-il? Quel effet crée-t-il dans l'extrait?

4. Relevez une antithèse dans le deuxième paragraphe et montrez en quoi elle fait ressortir l'hypocrisie des femmes dans cet extrait.

5. Relevez deux métaphores filées. Expliquez en quoi elles permettent à Maupassant, à l'instar de ses personnages, de dire sans dire et donc de créer une adéquation entre la forme et le fond.

6. Relevez une litote dans le troisième paragraphe. Montrez en quoi elle convient bien au caractère hypocrite du personnage.

7. À part le « Chut » que profère le comte, seules deux phrases, prononcées à haute voix, sont en style direct. Lesquelles ? En quoi cette absence presque totale de discours direct sert-elle le propos du texte ?

8. Montrez que le ton de la conversation contraste avec ce qui est dit et que ce contraste fait ressortir l'hypocrisie des personnages.

9. Quel adjectif prononcé par la comtesse trahit l'état d'esprit des personnages qui viennent de se taire « brusquement » et qui essaient de faire bonne figure devant Boule de Suif ?

10. Quel effet crée la répétition de la conjonction « et » dans le dernier paragraphe de la page 43 ?

Analyse littéraire

1. Montrez que cet extrait, autant par le fond que par la forme, met en évidence l'hypocrisie des personnages.

Dissertation explicative

1. Montrez que, dans cet extrait, les personnages sont conformes à ce qu'ils sont depuis le début de la nouvelle.

| p. 45-46 | **EXTRAIT 2** |

Analyse littéraire

1. En vous appuyant sur les procédés stylistiques mis en œuvre dans cet extrait, faites ressortir le contraste qui existe entre le ton ironique du narrateur et les affirmations autoritaires de la religieuse.

Dissertation explicative

1. Dans ce passage, la religieuse devient excessive, autant dans son attitude que dans ses propos, et cet excès contraste avec sa réserve depuis le début du voyage. Expliquez ce changement d'attitude.

QUESTIONS SUR *LA PARURE*

Compréhension

1. Expliquez le sens de la phrase suivante : « Leur finesse native, leur instinct d'élégance, leur souplesse d'esprit sont leur seule hiérarchie, et font des filles du peuple les égales des plus grandes dames » (2e paragraphe, p. 57).

2. Donnez à chacune des sept parties de la nouvelle un titre qui la résume.

3. Résumez la nouvelle en une page, puis en une phrase ou deux.

Écriture

1. Faites le schéma narratif de la nouvelle. *P. 95 Guide*

2. En vous inspirant du tableau de la page 142, dressez un tableau en quatre colonnes :
 1) moment de la fiction ;
 2) durée de la fiction ;
 3) événements ;
 4) durée de la narration.

3. Relevez
 a) deux sommaires ;
 b) trois scènes ;
 c) trois ellipses.

4. Relevez, à la fin des cinquième et sixième parties ainsi qu'au début de la septième partie, des phrases écrites dans un style indirect libre.

Compréhension

1. On peut diviser ce texte en trois parties. Identifiez-les et donnez un titre à chacune.
2. Le bal représente un moment très important dans la vie de Mathilde. Pourquoi n'occupe-t-il que deux paragraphes?
3. Résumez cet extrait en un court paragraphe.
4. Pourquoi le ministre ne fait-il que remarquer Mathilde, sans plus?
5. À quel moment précis Mathilde sort-elle de la vie de rêve pour revenir à sa vie de tous les jours?
6. Quel est le sens symbolique de «elle […] descendait rapidement l'escalier» et «Ils descendaient vers la Seine»?
7. Le coupé qui ramène les Loisel chez eux revêt une valeur symbolique. Montrez-le.
8. Montrez que le nom de leur rue, des Martyrs, a également une valeur symbolique.
9. Relevez les champs lexicaux: a) du bonheur et b) du malheur. À quel moment de l'histoire chacun correspond-il?
10. Énumérez, sur deux colonnes, toutes les oppositions que vous trouvez dans ce texte.

Écriture

1. Étudiez la forme des trois dernières phrases du premier paragraphe (l. 126-129). Quelles gradations remarquez-vous?
2. Remarquez-vous une différence dans la construction des paragraphes des première et troisième parties de cet extrait, parties que vous avez identifiées à la question n° 1 sous «Compréhension»?
3. Observez bien la longue phrase qui constitue le deuxième paragraphe de l'extrait. Montrez la concordance entre la construction de cette phrase et ce qu'elle exprime.
4. Que traduit la brièveté des phrases de la troisième partie de l'extrait?
5. Par quels procédés stylistiques Maupassant fait-il sentir l'affolement des Loisel qui constatent la disparition du bijou?

6. Montrez la concordance de la forme avec le fond dans les deux phrases « Et ils cherchèrent […]. Ils ne la trouvèrent point » (l. 165-166).

7. À quoi correspond l'absence de dialogue dans les deux premières parties et sa présence dans la troisième partie de l'extrait ?

8. Observez les temps de verbe. Quelle différence remarquez-vous entre les deux premiers paragraphes et le reste de l'extrait ?

Questions de synthèse sur La Parure

1. Situez l'extrait dans l'ensemble de la nouvelle. Montrez-en l'importance.

2. Quelles sont les tonalités successives de l'extrait ?

Analyse littéraire

1. Montrez que cet extrait est construit sur des oppositions dans le fond et dans la forme.

QUESTIONS SUR *LE HORLA*

Première partie (du 8 mai au 21 juillet)

Compréhension

1. Résumez, en une phrase chacune, les pages de chacune des dates de cette partie du récit.

2. On note un changement d'humeur chez le narrateur entre le 8 et le 12 mai. Expliquez ce changement.

3. En quoi la réflexion du 12 mai sur les limites de nos sens prépare-t-elle la suite du récit ?

4. Quel fragment de phrase du journal du 12 mai nous indique que le narrateur situe l'origine de son mal en lui ?

5. Quels fragments de phrases du journal du 25 mai et du 2 juin indiquent que le narrateur commence à situer le mal hors de lui ? Notez-vous une évolution entre ces deux fragments ?

6. Le 2 juin, quels fragments nous indiquent que le narrateur est étourdi ?

7. Quels sont les éléments fantastiques présents dans le récit du voyage au mont Saint-Michel (2 juillet) ?

8. En quoi le passage sur le vent, aux pages 74 et 75, prépare-t-il la suite du récit?

9. Expliquez comment évolue le thème du double dans les pages du 5 au 10 juillet.

10. Les réflexions du narrateur, le 14 juillet, sont-elles gratuites ou entretiennent-elles un lien avec le reste du récit?

11. Le narrateur écrit, le 21 juillet: «Croire au surnaturel dans l'île de la Grenouillère, serait le comble de la folie... mais au sommet du mont Saint-Michel?» (l. 461-462). Pourquoi?

Écriture

1. Dans le journal du 8 mai, relevez le champ lexical du bonheur.

2. Dans le journal du 12 mai, relevez le champ lexical du malheur.

3. Dans le journal des 12, 16 et 25 mai, relevez le champ lexical du mystère.

4. Dans le journal du 25 mai,
 a) quelles figures de style traduisent, dans le deuxième paragraphe, l'horreur vécue par le narrateur?
 b) le narrateur utilise des points de suspension dans les deuxième et troisième paragraphes. Qu'expriment-ils?
 c) le narrateur, pour la première fois du récit, fait allusion à un être; par quel mot cet être est-il désigné?
 d) quels mots du quatrième paragraphe expriment son impuissance et par quels procédés sont-ils mis en évidence?
 e) quels mots confèrent à cet être une morphologie humaine?
 f) le texte est écrit au présent. Quelle est la valeur de ce présent? Signifie-t-il que le narrateur est en train de vivre ce qu'il écrit? Quel effet ce présent crée-t-il?
 g) relevez le champ lexical de la peur et de l'horreur.

5. Dans le journal du 2 juin,
 a) relevez le champ lexical de la peur;
 b) un changement s'opère dans l'espace qui devient soudain menaçant. À quel moment s'opère ce changement? Quels mots désignent la menace? Quelles phrases indiquent que le narrateur est désorienté?
 c) quels procédés stylistiques indiquent, dans le cinquième paragraphe, l'état d'égarement du narrateur?

6. Quel mot du journal du 3 juillet se réfère au fantastique ?

7. Quels sont les procédés stylistiques mis en œuvre dans le long paragraphe du 5 juillet, le cinquième, pour traduire le profond désarroi du narrateur ?

8. Quelles différences remarquez-vous entre le style du journal du 5 juillet et celui du 12 juillet ?

9. Identifiez les figures de style suivantes :

 a) « un remorqueur, gros comme une mouche » (l. 21-22)

 b) « un remorqueur, [...] qui râlait de peine en vomissant une fumée épaisse, [...] » (l. 21-23)

 c) « Elles sont des fées [...] » (l. 51)

 d) « entre deux armées d'arbres » (l. 115-116)

 e) « [...] je me suis réveillé, tellement meurtri, brisé, anéanti, [...] » (l. 207)

 f) « [...] il la puisait dans ma gorge, comme aurait fait une sangsue. » (l. 205-206)

 g) « On a encore bu toute ma carafe cette nuit ; — ou plutôt, je l'ai bue ! » (l. 243-244)

 h) « Comme notre tête est faible et s'effare, et s'égare vite, [...] » (l. 282-283)

 i) « Les pétards et les drapeaux m'amusaient comme un enfant. » « Le peuple est un troupeau imbécile, [...] » (l. 288-290)

 j) « [...] tantôt stupidement patient et tantôt férocement révolté. » (l. 290-291)

 k) « [...] les inventions les plus médiocres, les plus stupides, les plus inacceptables [...] » (l. 324-325)

DEUXIÈME PARTIE (DU 30 JUILLET AU 10 SEPTEMBRE)

Compréhension

1. Résumez en une phrase les pages qui correspondent à chacune des dates de cette deuxième partie du journal.

2. Dans le journal du 6 août, montrez que le texte est construit

 a) sur une opposition : le narrateur appréhende par le regard un être invisible, donc imperceptible par le regard ;

 b) sur une alternance entre le doute et la certitude.

3. Dans le journal du 7 août, relevez un passage : a) argumentatif ;
 b) empreint de sensualité ; et c) lyrique.

4. Dans le journal du 8 août, pourquoi le narrateur affirme-t-il que
 le Horla est plus redoutable lorsqu'il ne se manifeste pas que
 lorsqu'il le fait ?

5. Dans le journal du 17 août,
 a) à la fin du quatrième paragraphe, à quoi fait référence la
 phrase « Un d'eux, [...] n'apparaîtra-t-il pas sur notre terre
 pour la conquérir, comme les Normands jadis traversaient la
 mer pour asservir des peuples plus faibles » (l. 628-630) ?
 b) on assiste à un retournement de situation. Quel est-il ?

6. Dans le journal du 17 et du 19 août (première entrée), relevez le
 champ lexical des animaux. Pourquoi a-t-il tant d'importance ?

7. Dans le journal du 19 août (première entrée), expliquez le sens
 des phrases suivantes situées vers la fin de ce texte : « Ah ! l'élé-
 phant, l'hippopotame, que de grâce ! Le chameau, que d'élégance ! »

8. Dans le huitième paragraphe du 10 septembre, pourquoi le
 narrateur écrit-il que le bûcher est « horrible et magnifique »
 (l. 842-843) ?

Écriture

1. Dans le journal du 6 août,
 a) quels procédés stylistiques traduisent la peur au premier para-
 graphe ?
 b) montrez l'importance de la notation « en plein soleil » dans
 le deuxième paragraphe ;
 c) montrez que, au troisième paragraphe, deux épithètes, qui se
 rapportent aux fleurs, traduisent le changement opéré dans
 l'âme du narrateur ;
 d) quel mode et quel temps de verbe traduisent l'incertitude
 du narrateur ?

2. Identifiez les figures de style suivantes :
 a) « Je ne serais donc, en somme, qu'un halluciné raisonnant. »
 (l. 513-514)
 b) « [...] une force occulte m'engourdissait, m'arrêtait, m'empêchait
 d'aller plus loin, me rappelait en arrière. » (l. 535-536)

c) « [...] m'épiant, me regardant, me pénétrant, me dominant [...] » (l. 545-546)

d) « [...] les os devenus mous comme la chair et la chair liquide comme de l'eau. » (l. 560-561)

e) « [...] quel est-il, cet invisible ? cet inconnaissable, ce rôdeur d'une race surnaturelle ? » (l. 586-587)

f) « J'ai pu m'échapper [...] comme un prisonnier qui trouve ouverte, par hasard, la porte de son cachot. » (l. 594-596)

g) « [...] sur ce grain de boue qui tourne délayé dans une goutte d'eau. » (l. 632)

h) « D'un bond furieux, d'un bond de bête révoltée, qui va éventrer son dompteur, [...] » (l. 643-644)

i) « [...] le vent [...] qui siffle, qui gémit, qui mugit, [...] » (l. 713-714)

j) « [...] son corps plus fin [...] que le nôtre, qui vit comme une plante et comme une bête, [...] » (l. 725-728)

k) « [...] un bûcher horrible et magnifique, un bûcher monstrueux, [...] » (l. 842-843)

l) « corps d'Esprit » (l. 854)

3. Relevez une métaphore filée dans le texte du 7 août.

4. Relevez cinq groupes ternaires dans le deuxième paragraphe du journal du 14 août. Précisez quels effets ils créent.

5. Dans le journal du 19 août (première entrée),
 a) relevez un groupe ternaire, une gradation, une comparaison et une métaphore ;
 b) expliquez la présence des points de suspension au moment où le Horla crie son nom au narrateur.

6. Dans le paragraphe qui commence par « Soudain le toit tout entier [...] » (10 septembre), relevez deux périphrases et deux métaphores qui désignent la maison en flammes.

Questions de synthèse sur Le Horla

1. Résumez la nouvelle en une page, puis en quelques phrases.

2. Au début et à la fin du récit, le narrateur se trouve devant sa maison. Comparez ces deux moments en tenant compte de l'impression générale, du temps, du lieu, des arbres, du personnage, des

éléments dominants et des champs lexicaux du bien-être, pour le premier, et de l'horreur, pour le second.

3. Le récit oscille entre des moments de calme et des moments d'angoisse. Relevez quatre passages où le calme précède l'angoisse.

4. Dans les textes du 25 mai, du 2 juin, du 7 et du 13 août, relevez une figure de style (comparaison, métaphore ou métaphore filée) qui utilise l'eau comme comparant.

5. Relevez les passages qui contiennent un dialogue. Pourquoi en trouve-t-on si peu?

6. Le récit se termine sans que le doute ait été dissipé: le narrateur est-il fou ou le Horla existe-t-il vraiment? Quels sont les arguments qui penchent en faveur de l'une et de l'autre hypothèses?

7. Relisez les parties du contexte sociohistorique et de l'œuvre de Maupassant qui concernent le fantastique. Quels aspects du *Horla* sont fréquents dans les récits fantastiques?

p. 97 et 99 **EXTRAIT 4**

Compréhension

1. Résumez chaque paragraphe en une phrase.

2. Pensez-vous que le narrateur peut mettre à exécution l'intention qu'il exprime à la fin du premier paragraphe?

3. Le narrateur a-t-il des raisons objectives de croire en la présence du Horla?

4. Montrez la transformation émotive du personnage du début à la fin du texte.

5. Le narrateur tend un piège au Horla, mais c'est lui qui est piégé. Expliquez.

6. Montrez que, par un retournement de situation, certains attributs ou actions du Horla sont prêtés au narrateur et vice-versa.

7. Le lecteur doute de la santé mentale du narrateur. Quels arguments plaident en faveur de sa lucidité et lesquels, en faveur de sa folie?

8. Comme c'est souvent le cas dans les récits fantastiques, la formule «comme si», dans le troisième paragraphe (l. 761), annonce un événement improbable, mais qui va pourtant se produire par la suite. Expliquez.

9. Montrez que, comme dans tout récit fantastique, le cadre spatio-temporel se dérègle. Insistez sur le rôle du miroir.

10. Montrez que ce texte est marqué par l'absence.

Écriture

1. Faites le schéma narratif de cet extrait.

2. Montrez que le début de l'extrait annonce sa conclusion.

3. Selon vous, qu'est-ce que le narrateur fait semblant d'écrire? En quoi cela constitue-t-il une mise en abyme?

4. Montrez que le récit alterne entre des passages émotifs et des passages descriptifs.

5. Dans les passages émotifs, quels procédés sont mis en œuvre pour exprimer l'émotion?

6. Pourquoi le cinquième paragraphe commence-t-il par «donc»?

7. Relevez les champs lexicaux
 a) de la peur;
 b) de la lumière;
 c) de la vue.

8. Relevez deux énumérations dans le premier paragraphe. Quel effet créent-elles?

9. Dans le septième paragraphe, trouvez une métaphore, deux comparaisons et un oxymore. Quelle idée évoquent ces figures?

10. Relevez tous les verbes qui expriment un doute. Quel temps de verbe domine?

Questions de synthèse sur l'extrait

1. Quelle est l'importance de cet extrait dans la nouvelle?

2. Quelle tonalité domine dans cet extrait?

3. En quoi cet extrait se rattache-t-il au courant fantastique?

Analyse littéraire

1. Montrez que l'ambiguïté est partout présente dans cet extrait.

Dissertation explicative

1. Le narrateur est peut-être lucide, peut-être fou. Expliquez cette affirmation en vous basant d'abord sur cet extrait et en élargissant ensuite à l'ensemble de la nouvelle.

| p. 85 et 87 | **EXTRAIT 5** |

Analyse littéraire

1. Faites l'analyse littéraire de cet extrait de façon à montrer qu'il oscille entre le doute et la certitude.

Dissertation explicative

1. Plusieurs éléments de cet extrait le rattachent au courant fantastique. Montrez-le.

QUESTIONS SUR *LA MAIN*

Compréhension

1. Dans le récit encadrant du début,
 a) identifiez le champ lexical du fantastique;
 b) identifiez le champ lexical de l'inexpliqué;
 c) quelle différence le juge fait-il entre le fantastique et l'inexpliqué?
2. Faites le schéma narratif du récit encadré.
3. Relevez tous les détails qui amènent à penser que le meurtre de sir Rowell constitue une vengeance.
4. Le récit se termine sur deux explications du meurtre, l'une réaliste et l'autre, fantastique. Quelles sont-elles?
5. Relevez les indices de l'explication fantastique, ceux qui conduisent à penser que la main est vivante et que c'est elle qui a tué sir Rowell.
6. Montrez en quoi le choix de l'adjectif «minutieuse» accolé à «enquête» (l. 185-186) accrédite l'explication fantastique.

Écriture

1. Identifiez les figures de style suivantes :
 a) « [...] besoin d'épouvante qui [...] les torture comme une faim. » (l. 10-11)
 b) « [...] les rumeurs sur son compte continuaient, grossissaient, devenaient générales, [...] » (l. 65-66)
 c) « De grandes fleurs jaunes couraient [...] » (l. 101-102)
 d) « de sang pareil à une crasse » (l. 111)
 e) « meilleur ennemi » (l. 119)
 f) « débris humain » (l. 122) en parlant de la main. *Périphrase* Guide p. 47

2. Dans le paragraphe de la page 108 qui commence par « Or, une nuit, trois mois après le crime, [...] », relevez une personnification, deux comparaisons, ~~un groupe ternaire~~ et une périphrase.

3. Un procédé couramment utilisé dans les récits fantastiques consiste à désigner le phénomène fantastique par des précautions oratoires plutôt qu'à affirmer son existence de façon catégorique. Ce procédé permet de maintenir le doute qui fonde ce type de récit. Trouvez cinq exemples de ce procédé aux pages 107-108.

p. 107-108 **EXTRAIT 6**

Analyse littéraire

1. Dans cet extrait, montrez que tout conduit à une explication fantastique que, pourtant, le juge refuse.

ANNEXES

TABLEAU CHRONOLOGIQUE		
	ÉVÉNEMENTS HISTORIQUES ET SCIENTIFIQUES	**ÉVÉNEMENTS LITTÉRAIRES ET CULTURELS**
1850		*Un enterrement à Ornans,* œuvre du peintre Gustave Courbet, apparaît comme le manifeste du réalisme en peinture.
1851	Coup d'État de Louis-Napoléon Bonaparte.	*La Dame aux camélias,* pièce d'Alexandre Dumas fils.
1852	Bonaparte devient Napoléon III. Début du Second Empire.	*Les Illuminés,* de Gérard de Nerval. *Émaux et Camées,* poésie de Théophile Gautier.
1853		*Les Châtiments,* de Victor Hugo.
1856	1854-1856 : guerre de Crimée.	*Histoires extraordinaires* d'Edgar Allan Poe, traduction de Baudelaire.
1857		*Madame Bovary,* roman de Gustave Flaubert. *Les Fleurs du mal,* poésie de Charles Baudelaire. *Les Glaneuses,* tableau de Jean-François Millet.
1859	Guerre d'Italie. *L'Origine des espèces,* de Darwin.	*La Légende des siècles,* de Hugo.
1860	Décès de Schopenhauer.	*Le Voyage de M. Perrichon,* pièce d'Eugène Labiche.
1862		*Les Misérables,* roman de Hugo. *Salammbô,* roman de Flaubert.
1863		*Cinq semaines en ballon,* roman de Jules Verne.
1866		*Poèmes saturniens,* poésie de Paul Verlaine. *Les Lettres de mon moulin,* contes d'Alphonse Daudet. *La Vie parisienne,* opérette de Jacques Offenbach.

TABLEAU CHRONOLOGIQUE

VIE ET ŒUVRE DE MAUPASSANT	ÉVÉNEMENTS LITTÉRAIRES AU QUÉBEC	
Naissance de Guy de Maupassant.		1850
		1851
	1845 à 1852 : François-Xavier Garneau publie *Histoire du Canada depuis sa découverte jusqu'à nos jours*.	1852
	Charles Guérin, roman de Pierre-Joseph-Olivier Chauveau.	1853
Naissance d'Hervé, frère de Guy.		1856
		1857
		1859
Les parents de Maupassant se séparent. La mère s'installe à Étretat avec ses deux enfants.	Naissance du mouvement littéraire de Québec.	1860
	Jean Rivard, le défricheur, roman d'Antoine Gérin-Lajoie. Création de *Félix Poutré*, drame de Louis Fréchette.	1862
Guy devient pensionnaire au séminaire d'Yvetot.	*Les Anciens Canadiens*, roman de Philippe-Aubert de Gaspé. *Forestiers et voyageurs*, de Joseph-Charles Taché.	1863
	Mémoires, de Philippe-Aubert de Gaspé.	1866

TABLEAU CHRONOLOGIQUE		
	ÉVÉNEMENTS HISTORIQUES ET SCIENTIFIQUES	**ÉVÉNEMENTS LITTÉRAIRES ET CULTURELS**
1868		
1869	Ouverture du canal de Suez.	*L'Éducation sentimentale,* de Flaubert.
1870	Début de la guerre franco-allemande.	*Le Déjeuner sur l'herbe,* tableau de Paul Cézanne.
1871	La Commune de Paris. Signature du traité de Francfort.	Émile Zola inaugure son cycle des Rougon-Macquart avec *La Fortune des Rougon.*
1872		*Les Canotiers à Chatou,* peinture d'Auguste Renoir.
1873	Mac Mahon devient président de la IIIe République. Il inaugure le régime d'Ordre moral.	*Une saison en enfer,* poésie d'Arthur Rimbaud. *Contes du lundi,* de Daudet. *Le Tour du monde en quatre-vingts jours,* de Verne.
1874		Première exposition des peintres impressionnistes. Claude Monet y expose *Impression, soleil levant.* *Carmen,* opéra de Georges Bizet. *Les Diaboliques,* de Jules Barbey d'Aurevilly. *Illuminations,* poèmes de Rimbaud.
1875	Constitution de la IIIe République.	Ouverture du nouvel Opéra de Paris.
1876	Invention du téléphone par Graham Bell. *La Science expérimentale,* de Claude Bernard.	*Le Moulin de la Galette,* peinture de Renoir. *L'Après-midi d'un faune,* de Stéphane Mallarmé.
1878		
1880	14 juillet : première fête nationale. Premiers véhicules automobiles.	*Le Penseur,* sculpture d'Auguste Rodin. Décès de Flaubert. Zola, *Le Roman expérimental,* essai, et *Nana,* roman.
1881	Loi sur la liberté de la presse.	*Le Déjeuner des canotiers,* peinture de Renoir.

TABLEAU CHRONOLOGIQUE		
VIE ET ŒUVRE DE MAUPASSANT	**ÉVÉNEMENTS LITTÉRAIRES AU QUÉBEC**	
Chassé du séminaire d'Yvetot, Maupassant entre au lycée Corneille, à Rouen. À l'été, il fait la rencontre du poète anglais Charles Swinburne.		1868
En août, il obtient un baccalauréat en philosophie. En octobre, il entreprend des études en droit.		1869
Ses études de droit sont interrompues par la mobilisation.	*La Voix d'un exilé*, pamphlet politique en vers de Fréchette.	1870
		1871
Il entre au ministère de la Marine.		1872
		1873
	Une de perdue, deux de trouvées, roman de Georges de Boucherville.	1874
Publication du conte *La Main d'écorché*.		1875
Il publie un conte, *En canot*, qui sera repris, plus tard, sous le titre *Sur l'eau*.		1876
Il entre au ministère de l'Instruction publique.		1878
Boule de Suif paraît dans *Les Soirées de Médan*. En mars, parution d'un recueil de poésie. À l'automne, voyage en Corse avec sa mère.	Création de *Papineau*, drame de Fréchette. Première visite de Sarah Bernhardt à Montréal.	1880
La Maison Tellier, recueil de contes de Maupassant.	*Angéline de Montbrun*, roman de Laure Conan.	1881

	TABLEAU CHRONOLOGIQUE	
	ÉVÉNEMENTS HISTORIQUES ET SCIENTIFIQUES	**ÉVÉNEMENTS LITTÉRAIRES ET CULTURELS**
1882	L'enseignement primaire devient obligatoire.	
1883		*Le Golfe de Marseille vu de l'Estaque*, peinture de Cézanne.
1884	Une loi rétablit le divorce.	
1885	Charcot publie *Leçons sur les maladies du système nerveux*.	*Germinal*, de Zola.
1886		Dernière exposition des impressionnistes. *Le Baiser*, sculpture de Rodin. Traduction française de l'essai d'Arthur Schopenhauer, *Le Monde comme volonté et comme représentation*.
1887		*Autoportrait*, de Vincent Van Gogh. *Jeunes filles au piano*, tableau de Renoir. Fondation du Théâtre-Libre par André Antoine. *Poésies complètes*, de Mallarmé.
1888		*Autoportrait à l'oreille coupée*, peinture de Van Gogh. *Tête d'or*, pièce de Paul Claudel. *Ubu Roi*, pièce d'Alfred Jarry.
1889	Exposition universelle de Paris. Inauguration de la tour Eiffel.	*Le Christ jaune*, peinture de Paul Gauguin. *Bal du Moulin de la Galette*, peinture de Henri de Toulouse-Lautrec.
1890	Branly invente la télégraphie sans fil (T.S.F.).	*Champ de blé aux corbeaux* et *Champ de blé au faucheur*, peintures de Van Gogh. *Cinq poèmes de Baudelaire*, musique de Claude Debussy.
1892		
1893	Vague d'attentats anarchistes.	
1899		
1900		

TABLEAU CHRONOLOGIQUE		
VIE ET ŒUVRE DE MAUPASSANT	**ÉVÉNEMENTS LITTÉRAIRES AU QUÉBEC**	
Mademoiselle Fifi, recueil de contes de Maupassant.	*Œuvres complètes,* d'Octave Crémazie.	1882
Contes de la bécasse et *Clair de lune,* recueils de contes, et *Une vie,* roman de Maupassant.		1883
Clair de lune, Miss Harriet, Yvette et *Les Sœurs Rondoli,* recueils de contes de Maupassant.	Fondation de *La Presse.*	1884
Contes du jour et de la nuit, Toine, recueils de contes, et *Bel-Ami,* roman de Maupassant.		1885
Toine et *La Petite Roque,* recueils de contes de Maupassant. Voyage en Angleterre.		1886
Mont-Oriol, roman, et *Le Horla,* recueil de contes de Maupassant. Voyage en Afrique du Nord.	*La Légende d'un peuple,* poésie de Fréchette.	1887
Pierre et Jean, roman, et *Le Rosier de M^me Husson,* recueil de contes de Maupassant. Voyage en Algérie.		1888
La Main gauche, recueil de contes, et *Fort comme la mort,* roman de Maupassant. Décès de son frère Hervé.		1889
L'Inutile beauté, recueil de contes, et *Notre cœur,* roman, de Maupassant.		1890
Tentative de suicide et internement dans la clinique du docteur Blanche.		1892
Décès de Maupassant, le 6 juillet.	*Originaux et détraqués,* contes de Fréchette.	1893
Le Père Milon, recueil posthume de contes.		1899
Le Colporteur, recueil posthume de contes.		1900

GLOSSAIRE DE L'ŒUVRE

Billet: reconnaissance de dettes.

Brisant: écueil à fleur d'eau sur lequel la mer se brise et écume.

Chaufferette: boîte dont le couvercle est percé de trous et dans laquelle on met de la braise, de la cendre chaude ou, ici, du charbon chimique, pour se chauffer les pieds.

Cheminée: encadrement de l'âtre que l'on nomme souvent erronément « foyer ».

Démoc: abréviation familière de « démocrate », partisan du pouvoir du peuple et, par conséquent, mal vu des bourgeois.

Dieppe: ville portuaire de Normandie située sur la Manche.

Diligence: voiture à chevaux qui servait au transport des voyageurs.

Dîner: en France, le dîner est le repas du soir.

Fiacre: voiture à cheval qu'on louait à la course, l'équivalent du taxi aujourd'hui.

Gnome: petit génie laid et difforme supposé habiter dans la terre dont il garde les trésors.

Gothique: l'art gothique est un style d'architecture né au XIIᵉ siècle dans le nord de la France.

Havre (Le): ville portuaire de Normandie. L'armée française conserva la poche du Havre jusqu'à l'armistice.

John Rowell (Sir): personnage inspiré par un Anglais, M. Powel, dont Maupassant, alors adolescent, avait fait la connaissance à Étretat (voir la section « La vie de Maupassant », p. 125).

Lieue: une lieue équivaut à environ quatre kilomètres.

Mesmer (1734-1815): médecin allemand qui connut, quelque temps, un grand succès à Paris avec sa théorie du magnétisme animal, comparable au fluide de l'aimant, avec lequel il prétendait guérir.

Mont Saint-Michel: îlot rocheux situé dans une baie de la Manche. Il est surmonté d'une impressionnante abbaye bénédictine construite au Moyen Âge.

Petite vérole: variole, maladie infectieuse d'origine virale qui laisse des cicatrices sur la peau.

Préfet: fonctionnaire à la tête d'un département.

Rivière de diamants: collier de diamants.

Rosaire: grand chapelet et, par extension, les 15 *Pater* et les dizaines d'*Ave* qu'on récite en l'égrenant.

Soudard: soldat grossier, brutal.

Tôtes: à 29 km au nord de Rouen, sur la route de Dieppe.

Vendetta: vengeance réciproque entre deux familles ennemies, selon la tradition corse.

BIBLIOGRAPHIE

Sur l'histoire et la société du XIXᵉ siècle

CORBIN, Alain. *Les Filles de noce,* Paris, Flammarion, 1982, 494 p.

DUPEUX, Georges. *La Société française 1789-1960,* Paris, Librairie Armand Colin, coll. « U », 1964, 296 p.

GEORGES-ROUX. *La Guerre de 1870,* Paris, Librairie Arthème Fayard, 1966, 374 p.

MIQUEL, Pierre. *Histoire de la France,* Paris, Librairie Arthème Fayard, 1976, 643 p.

Sur la littérature fantastique

CASTEX, Pierre-Georges. *Le Conte fantastique en France de Nodier à Maupassant,* Paris, Librairie José Corti, 1951, 466 p. (Lire en particulier le chapitre VIII, « Maupassant et son mal », p. 365-394.)

STEINMETZ, Jean-Luc. *La Littérature fantastique,* Paris, Presses universitaires de France, coll. « Que sais-je ? », nº 907, 1990, 126 p.

TODOROV, Tzvetan. *Introduction à la littérature fantastique,* Paris, Seuil, 1970, 189 p.

Sur Maupassant et son œuvre

BANCQUART, Marie-Claire. « Maupassant conteur fantastique », dans *Archives des lettres modernes,* nº 163, Paris, Minard, 1976.

DIZOL, Jean-Marie. *Guy de Maupassant,* Toulouse, éd. Milan, coll. « Les Essentiels Milan », nº 78, 1997, 63 p.

« Dossier », dans *Magazine littéraire,* nº 310, mai 1993, p. 16-97.

LANOUX, Armand. *Maupassant le Bel-ami,* Paris, Librairie Arthème Fayard, 1967, 460 p.

LEMOINE, Fernand. *Guy de Maupassant,* Paris, éd. Universitaires, coll. « Classiques du XIXᵉ siècle », 1957, 140 p.

MALRIEU, Joël. *Le Horla de Guy de Maupassant,* Paris, Gallimard, coll. « Foliothèque », nº 51, 1996, 193 p.

« Maupassant II. Autour du Horla », dans *L'École des lettres,* nº 12, 15 juin 1994, 108 p.

RACHMÜHL, Françoise. *Le Horla et autres contes fantastiques. Maupassant,* Paris, Hatier, coll. « Profil d'une œuvre », n° 84, 1992, 79 p.

THUMEREL, Thérèse et Fabrice. *Maupassant,* Paris, Armand Colin, coll. « Thèmes et œuvres », 1992, 160 p.

TROYAT, Henri. *Maupassant,* Paris, Flammarion, 1989, rééd. « Le Livre de poche », n° 7348, 1991, 340 p.

VIEGNES, Michel. *Boule de Suif, La Parure,* Paris, Hatier, coll. « Profil d'une œuvre », n° 192, 1996, 79 p.

Sur l'analyse littéraire

BATAÏNI, Marie-Thérèse et Marie-Josée DION. *L'Analyse littéraire : un art de lire et d'écrire,* Mont-Royal, Modulo Éditeur, 1997, 264 p.

ŒUVRES PARUES

300 ans d'essais au Québec
Apollinaire, *Alcools*
Balzac, *Le Colonel Chabert*
Balzac, *La Peau de chagrin*
Balzac, *Le Père Goriot*
Baudelaire, *Les Fleurs du mal* et *Le Spleen de Paris*
Beaumarchais, *Le Mariage de Figaro*
Chateaubriand, *Atala* et *René*
Chrétien de Troyes, *Yvain* ou *Le Chevalier au lion*
Contes et légendes du Québec
Corneille, *Le Cid*
Daudet, *Lettres de mon moulin*
Diderot, *La Religieuse*
Écrivains des Lumières
Flaubert, *Trois Contes*
Girard, *Marie Calumet*
Hugo, *Le Dernier Jour d'un condamné*
Jarry, *Ubu Roi*
Laclos, *Les Liaisons dangereuses*
Marivaux, *Le Jeu de l'amour et du hasard*
Maupassant, *Contes réalistes et Contes fantastiques*
Maupassant, *La Maison Tellier et autres contes*
Maupassant, *Pierre et Jean*
Mérimée, *La Vénus d'Ille* et *Carmen*
Molière, *L'Avare*
Molière, *Le Bourgeois gentilhomme*
Molière, *Dom Juan*
Molière, *L'École des femmes*
Molière, *Les Fourberies de Scapin*
Molière, *Le Malade imaginaire*
Molière, *Le Misanthrope*
Molière, *Tartuffe*
Musset, *Lorenzaccio*
Poètes et prosateurs de la Renaissance
Poètes romantiques
Poètes surréalistes
Poètes symbolistes
Racine, *Phèdre*
Rostand, *Cyrano de Bergerac*
Tristan et Iseut
Voltaire, *Candide*
Voltaire, *Zadig* et *Micromégas*
Zola, *La Bête humaine*
Zola, *Thérèse Raquin*